EDITION WORT UND WELT

*Hermann Oberth an seinem Schreibtisch
im Hermann-Oberth-Museum in
Feucht bei Nürnberg*

HERMANN OBERTH
ANEKDOTISCHES
HUMORVOLLES
BESINNLICHES

Eingeleitet, gesammelt und redigiert
von Hans Barth

unter Mitwirkung von Erna Roth-Oberth

EDITION WORT UND WELT
München 1998

Die Deutsche Bibliothek – CIP-Einheitsaufnahme

Oberth, Hermann: Anekdotisches, Humorvolles, Besinnliches. Eingeleitet, gesammelt und redigiert von Hans Barth unter Mitw. von Erna Roth-Oberth: Edition Wort und Welt München 1998

ISBN 3-932413-02-4

Edition Wort und Welt München 1998

Copyright by Edition Wort und Welt
Buchverlagsges. m. b. H., München

ISBN-3-932413-02-4

Alle Rechte, auch des
auszugsweisen Nachdrucks,
der fotomechanischen Wiedergabe
und der Übersetzung vorbehalten

Gestaltung und Gesamtproduktion: Peters Design, Berglen
Druck: Hohenloher Druck- und Verlagshaus, Gerabronn

Printed in Germany

INHALT

Vorwort	7
Einführung	9
I. Die Bergschule und die Rakete	20
II. Gymnasiallehrer in Siebenbürgen	43
III. Berlin und Peenemünde	94
IV. Die schweren Nachkriegsjahre	112
V. Die Jahre in Huntsville/USA	120
VI. Im produktiven Ruhestand	131

VORWORT

„Das Wesen herausragender Männer enthüllt sich schlagartig im Anekdotischen, das oft ausführlichen und inhaltsschweren Lebensbeschreibungen überlegen ist, wie es die vorliegende Sammlung beweist." Diese Worte stammen von Hermann Oberth (1894-1989) selbst und können im Vorwort zu einem ähnlichen Anekdoten-Buch (Bechtle-Verlag, 1972) nachgelesen werden, das dem berühmten Schüler Hermann Oberths, Wernher von Braun (1912-1977), gewidmet ist. Von dieser Absicht ließ sich auch der Herausgeber dieser Veröffentlichung leiten.

Das Buch ist in sechs Kapitel gegliedert, die chronologische Prinzipien befolgen. Innerhalb dieser Kapitel wurden die einzelnen Anekdoten und Humoresken - insofern sich ihre Entstehungszeit ermitteln ließ - ebenfalls chronologisch angeordnet.

Um dem Leser das nötige Hintergrundwissen zu vermitteln, werden zu Beginn jedes Kapitel die wichtigsten Stationen aus der jeweiligen Lebens- und Schaffensperiode des Wissenschaftlers knapp präsentiert.

Da dies eine erste Sammlung von Anekdotischem, Humorvollem und Besinnlichem von und über Hermann Oberth ist, erhebt der Herausgeber keinen Anspruch auf Voll-

ständigkeit. Trotz jahrzehntelangem Suchen und Sammeln ist es ihm nicht gelungen, alle mit der Person Hermann Oberths verbundenen und in Umlauf gebrachten humoristischen und besinnlichen Äußerungen in Erfahrung zu bringen.

Deshalb wendet er sich auch hier an alle Leser, die Hermann Oberth gekannt bzw. erlebt haben, mit der Bitte, ihm weitere humoristische und besinnliche Erzählungen von und über den Wissenschaftler zukommen zu lassen. Sie werden bei einer neuen Auflage des Buches mitberücksichtigt.

Danken möchte der Herausgeber all jenen, die diese Buchveröffentlichung tatkräftig unterstützt haben, allen voran Dr. Erna Roth-Oberth, der Tochter des Raumfahrtpioniers, und - post mortem - Josef Roth, dem verstorbenen Schwiegersohn Hermann Oberths, sowie Dr. Otto Folberth, dem Schriftsteller und ehemaligen Rektor des Stephan-Ludwig-Roth-Gymnasiums in Mediasch.

Hans Barth
Mainaschaff, im Juli 1997

EINFÜHRUNG

„In hundert Jahren werden Menschen auf dem Mond landen. Unsere Enkelkinder werden dies noch erleben." Diese Worte schrieb der Dichter Friedrich Krasser (1818-1893) im Sommer des Jahres 1869. Fast auf den Tag genau landeten ein Jahrhundert später am 22. Juli 1969 die ersten Menschen auf dem Mond.

Eines freilich konnte der Hermannstädter Freidenker und Lyriker nicht erahnen, daß es einem seiner eigenen Enkelkinder vorbehalten bleiben sollte, zu diesem gewaltigen Quantensprung in der Geschichte der Menschheit anzusetzen und die wissenschaftlichen Grundlagen für einen neuen Wissenszweig zu schaffen.

Im Januar 1922 schreibt der Schäßburger Student der Physik Hermann Oberth das Vorwort zu seiner Schrift *Die Rakete zu den Planetenräumen*. Die vier Thesen, die er seiner bahnbrechenden Arbeit voransetzte, lauten leicht abgekürzt:

1. *Man kann Maschinen bauen, die über die Erdatmosphäre hinauszusteigen vermögen.* - Tatsächlich, ab 1945 werden Raketen gestartet, die weit höher steigen als unsere Erdatmosphäre reicht und heute bis zu fremden Weltkörpern vordringen.

2. Solche Maschinen können sogar den Anziehungsbereich der Erde überwinden. - Bereits am 4. Oktober 1957 umflog „Sputnik I" die Erde. Seither wimmelt es regelrecht von Satelliten, Raumsonden und Raumstationen im erdnahen Weltraum.

3. Mit solchen Maschinen können auch Menschen gefahrlos durch den Weltraum reisen. - Juri Gagarin (1934-1968) war der erste. Am 12. April 1961 sprengte der Mensch seine irdischen Fesseln. Er fliegt seither durch den Weltraum und fährt im Auto durch die Mondlandschaft.

4. Bau und Betrieb solcher Maschinen kann wirtschaftlichen Nutzen abwerfen. - Seit dem Start des ersten Nachrichtensatelliten im Jahre 1962 ist die Welt zu einem „globalen Dorf" geworden: Man kann jeden Punkt der Erdoberfläche mit jedem anderen Ort mit Ton, Bild und Text verbinden. Doch das ist bloß der Anfang. Den Nachrichten-, Wetter-, Navigations-, Erderkundungs-, Umwelt- und Forschungssatelliten werden neue Raumfahrtprojekte folgen, die für die Zukunft der Menschheit von existentieller Bedeutung sind.

Hermann Oberth, der diese Prämissen aufstellte und mit prophetischer Klarheit alle Entwicklungsstufen der heutigen und zukünftigen Weltraumtechnik voraussagte, wurde am 25. Juni 1894 in Hermannstadt geboren. Seine erste Anregung zur Weltraum- und Raketenforschung erhielt er schon als Elfjähriger aus den

Büchern von Jules Verne (1828-1905). Der in Physik und Mathematik sehr begabte Schüler der „Bergschule" - seine Eltern waren bereits 1896 nach Schäßburg umgezogen, wo der Vater die Leitung des Komitatskrankenhauses übernommen hatte - erkannte sehr bald, daß man mit Kanonen, wie Jules Verne es sich vorstellte, keinen Mondflug realisieren kann und daß Reisen zu den Planeten nur mit Großraketen möglich sind. Seinen ersten Plan für ein bemanntes Raketenfahrzeug entwarf Oberth schon im Alter von 15 Jahren, nachdem es ihm gelungen war, die Grundformel des Raketenaufstiegs abzuleiten. Mit achtzehn Jahren rechnete er dann seine erste Flüssigkeitsrakete durch; als Treibstoff hatte er wasserhaltigen Alkohol und flüssige Luft gewählt. In seine Schäßburger Gymnasialzeit fallen außerdem auch erste weltraummedizinische Untersuchungen, die ihm die Gewißheit brachten, daß der Mensch die Schwerelosigkeit im All sowohl physiologisch als auch psychologisch ertragen kann.

Nach dem Studium der Physik in Klausenburg, München, Göttingen und Heidelberg (1919-1922) schrieb Hermann Oberth sein Erstlingswerk *Die Rakete zu den Planetenräumen*, welches 1923 im Münchner Oldenbourg Verlag erschien. Den wissenschaftlichen und raumfahrthistorischen Stellenwert dieser bahnbrechenden Arbeit beurteilte der spätere Oberth-Schüler und weltbekannte Raketenkonstrukteur Wernher von Braun mit den Worten: „Es ist das wissenschaftliche Fundament, auf dem sich die technische Entwicklung der Astronautik bislang vollzogen hat. In prophetischer Klarheit beschreibt Hermann Oberth alle wesentlichen Elemente unserer heutigen Großraketen, die von zeitgenössischen Schreibern oft für Erfindungen der letzten Jahre gehalten werden. Darüber hinaus entwickelte er die theoretischen Grundlagen für Prinzip und Arbeitsweise von Flüssigkeitsraketen und ihren Steuerungsmethoden ..."

1929 erschien Hermann Oberths Hauptwerk *Wege zur Raumschiffahrt*, das von dem französischen Luft- und Raumfahrtpionier Robert Esnault-Peltèrie (geb. 1881) als die „Bibel der wissenschaftlichen Astronautik" bezeichnet und mit dem ersten Internationalen Preis für Raumfahrtwissenschaften, den die Franzosen 1928 gestiftet hatten, ausgezeichnet wurde. Im selben Jahr fand in Berlin die Premiere des weltersten Raumfahrtfilms *Frau im Mond* statt, den der namhafte Regisseur Fritz Lang (1890-1976) unter der wissenschaftlichen Beratung von Hermann Oberth gedreht hatte. In diese Zeit fallen auch die ersten praktischen Versuche des siebenbürgisch-sächsischen Raumfahrtpioniers. Im Juli 1930 erhielt Hermann Oberth für seinen kleinen Raketenmotor („Die Kegeldüse") ein amtliches Gutachten; bei diesen Arbeiten halfen ihm auch zwei praktizierende Studenten der

Technischen Hochschule in Berlin, einer davon, von dem die Welt oft noch hören sollte, hieß Wernher von Braun. Einige Monate später errichteten Oberths Assistenten Rudolf Nebel und Klaus Riedel in Berlin-Reinickendorf den ersten „Raketenflugplatz" der Welt. Sein Assistent Scherschewsky, ein russischer Emigrant, übersetzte seine beiden Bücher *Die Rakete zu den Planetenräumen* und *Wege zur Raumschiffahrt* ins Russische und berichtete fleißig über die Raketenversuche in Berlin. Dadurch setzte man sich auch in Rußland - zugleich mit der Gründung des Gasdynamischen Instituts in Leningrad - ernsthaft mit der Raumfahrt auseinander, und die seinerzeit unbeachteten Arbeiten des russischen Frühpioniers Konstantin E. Ziolkowski (1857-1935) aus dem Jahre 1903 wurden neu aufgelegt und bekannt gemacht.

Nach Mediasch zurückgekehrt, wo Hermann Oberth ab 1925 als Mathematik- und Physiklehrer am Stephan-Ludwig-Roth-Gymnasium tätig war, widmete sich Oberth weiteren Versuchsarbeiten. Nach einer Audienz beim rumänischen König Carol II. (1930-1940) erhielt er die Genehmigung, seine Raketenversuche in den Werkstätten der Mediascher Fliegerschule fortzusetzen. In den Jahren 1932-1935 entwickelte er mehrere Versuchsmodelle, die er zum Teil auch zum Steigen brachte. Ebenfalls in Mediasch entwarf Oberth 1935 eine leistungsfähige Feststoffrakete aufgrund von Ammoniumnitrat. Von seinen weiteren wissenschaftlichen Arbeiten verdienen es vor allem folgende Titel erwähnt zu werden: *Die beste Teilung von Stufenaggregaten* (Penemünde 1941; Huntsville 1955), *Menschen im Weltraum* (Düsseldorf 1954), *Die Möglichkeit des Mondfluges* (Huntsville 1957), *Das Mondauto* (Düsseldorf 1958), *Der Weltraumspiegel* (Bukarest 1978).

Hermann Oberths Entdeckungen auf dem Gebiet der Raketentechnik und wissenschaftlichen Astronautik sind äußerst zahlreich. Ein Versuch, auch nur das Wichtigste hier aufzählen zu wollen, würde den Rahmen dieses Buches sprengen und den Nicht-Fachmann überfordern. Hermann Oberth war der erste - wie Wernher von Braun schreibt -, „der in Verbindung mit dem Gedanken einer wirklichen Weltraumfahrt zum Rechenschieber griff und zahlenmäßig durchgerechnete Konzepte und Konstruktionsvorschläge vorlegte". Raumfahrthistoriker haben insgesamt 95 Oberthsche Lösungsvorschläge ermittelt, die beim Bau der weltersten Großrakete zur Anwendung gelangten. Über 200 Formeln und mathematisch-physikalische Beziehungen, die er als erster erarbeitete, und über 100 weitere Ideen, Erfindungen, Konzepte und Anwendungsmöglichkeiten, die Oberth erstmals formulierte, konnten in die Praxis umgesetzt bzw. in ihr nachgewiesen werden.

Zugleich war Oberth auch der erste unter den großen Wegbereitern der Weltraumtechnik, der nicht allein die technisch-wissenschaftlichen Aspekte des Problems erörterte, sondern gleichzeitig auch überzeugende Antworten auf die Frage „wozu Weltraumfahrt?" gab. Oberth erkannte die wirtschaftlichen, politischen und kulturellen Zusammenhänge des Raumzeitalters, das der Menschheit eine neue Dimension des Wirkens und Schaffens eröffnet, einen Weg zur Überwindung der Grenzen, die durch den endlichen Charakter des irdischen Existenzraums gegeben sind. Eine nähere Betrachtung der unzähligen Nutzanwendungen, die er schon in seinen beiden Frühwerken vorgeschlagen hatte, zeigt unzweideutig, daß Oberth an die Grundlagen jeder höheren Zivilisation gedacht hatte: Information, Energie, Rohstoffe, Ökologie, Produktion, höhere Lebensqualität. Der wohl erfolgreichste Oberth-Schüler und Schöpfer der amerikanischen Mondrakete „Saturn V", Wernher von Braun, hat die außergewöhnliche Tragweite der Oberthschen Leistung mit den Worten umrissen:

„Jede große Idee bedarf eines Propheten, dem die schwierige Aufgabe zukommt, Bahnbrecher zu sein und den Weg zu ihrer Anerkennung und Verwirklichung zu eröffnen.

Und jede neue wissenschaftliche Erkenntnis bedarf eines Lehrers, der in präzisen Worten ihre Grundlagen und Voraussetzungen sowie ihre Bedeutungen und Anwendungsmöglichkeiten formulieren kann.

Professor Oberth ist für die Weltraumtechnik Prophet und Lehrer zugleich gewesen. Er brauchte keine kostspieligen Laboratorien und Milliarden verschlingende Versuchsanlagen. Mit der genialen Schöpferkraft seines erstaunlichen Geistes allein schuf er das Fundament für eine neue gewaltige Industrie."

Wenn von den großen Pionieren der modernen Raketentechnik und der wissenschaftlichen Astronautik die Rede ist, dann werden in der Regel drei Namen genannt. In chronologischer Reihenfolge sind dies der Russe Konstantin E. Ziolkowski, der Amerikaner Robert H. Goddard (1882-1945) und der Siebenbürger Sachse Hermann Oberth. Doch während Ziolkowski seine wissenschaftlichen Beiträge bloß veröffentlichte - zudem noch mit einer Verspätung, die eine echte Wirkung in der Fachwelt vereitelte - und Goddard sich damit begnügte, seine Raketenversuche unter strenger Geheimhaltung zu betreiben, ohne direkten Einfluß zu nehmen auf die weltweite wissenschaftliche Diskussion und die späteren Entwicklungen, tat Oberth sich vor allem durch folgendes hervor:

1. Er ist der erste und einzige Frühpionier der Raumfahrt, der nicht nur ein Einzelproblem dieser neuen technisch-wissenschaftlichen Disziplin untersuchte, sondern ein Gesamtkonzept vorlegte, das - angefangen von den technisch-physikalischen Grundlagen und konstruktionstechnischen Details über die biologi-

schen und medizinischen Fragen, bis hin zu den vielfältigen Anwendungen - alle Aspekte einer zukünftigen Weltraumtechnologie umfaßt.

2. Oberth war auch ein unerschrockener Kämpfer und Streiter für die Raumfahrtidee (Vorträge, Zeitungsbeiträge, Film) und beteiligte

3. sich selbst an der praktischen Verwirklichung seiner Projekte und Ideen (Berlin, Peenemünde, Huntsville). Unter seinem Einfluß und auf der Grundlage seiner technisch-wissenschaftlichen Pionierarbeit bildete sich die erste Raketenschule - mit ihrer späteren Symbolfigur Wernher von Braun.

Dies dürfte wohl auch die Erklärung dafür sein, daß die Leistung Hermann Oberths eine ganz andere Bedeutung gehabt hat, daß die Effektivität seiner Beiträge eine ganz andere war als die der anderen Raumfahrtpioniere. Denn sowohl bei Ziolkowski als auch bei Goddard läßt sich kein unmittelbarer Einfluß auf die spätere Entwicklung dieses Wissenschaftszweiges nachweisen. Bei Oberth hingegen kann die Effektivität der Leistung auf einer kontinuierlich ansteigenden Wirkungskurve nahtlos verfolgt werden. Sie beginnt mit seinem Erstlingswerk und führt über seine ersten Raketenversuche zu den nutzbringenden Erdsatelliten unserer Tage, den Mondlandungen und den unbemannten Flügen zu anderen Planeten.

Unter dem Eindruck der erfolgreichen Mondlandungen der amerikanischen Astronauten schrieb der namhafte US-Historiker Arthur Schlesinger: „Wenn Historiker dereinst auf das 20. Jahrhundert zurückschauen, dann wird alles andere vergessen sein, nur eines nicht: Es war das Jahrhundert, in dem der Mensch zum ersten Mal seine irdischen Fesseln sprengte und mit der Erforschung des Weltalls begann." Dem bliebe nur noch hinzuzufügen: Dazu hat Hermann Oberth die Grundlagen und Voraussetzungen geschaffen!

Und was bedeutet diese Leistung, wenn wir sie in das viel bescheidenere Wertesystem, das der Siebenbürger Sachsen, einordnen wollen? Die Antwort darauf ist zwar trivial, dennoch möchte ich kurz wiederholen, was ich hierüber bereits in meiner ersten Oberth-Biographie (1974) geschrieben habe:

Eine der Fragen, die in siebenbürgisch-sächsischen Kreisen immer wieder gestellt wurde, lautete damals und lautet wohl auch heute noch: Wer von den drei großen Siebenbürger Sachsen - Johannes Honterus (um 1498-1549), Stephan Ludwig Roth (1796-1849) und Hermann Oberth - ist wohl der „größte". Die Antwort darauf kann nur heißen: Roth war zwar ein fortschrittlicher Denker und Streiter, ein verdienstvoller Pädagoge. Im europäischen Maßstab ist er dennoch bloß der bedeutendste Pestalozzianer Südosteuropas. Honterus war ein bedeutender

Humanist, ein universeller Gelehrter, ein Künstler und Buchautor, ein herausragender Schulmann und Reformator. Ein Schöpfer von wissenschaftlichen Neuwerten war er aber nur in geringem Maße. Honterus steht vielmehr für eine kulturelle Kollektivleistung der Siebenbürger Sachsen, er verkörpert die vermittelnde Rolle, die diese Gruppe während ihrer Geschichte im Rahmen des Transfers von Kulturwerten aus dem Westen in den Osten Europas innehatte. Demnach: Honterus und Roth „leben", solange es Siebenbürger Sachsen gibt. Oberth aber „lebt", solange Menschen leben - auf dem Planeten Erde und darüber hinaus. Hier liegt der qualitative Unterschied, hier lassen sich die Größenordnungen festmachen. Ich wiederhole mich gerne: Hätten die Siebenbürger Sachsen in ihrer 850jährigen Geschichte nichts weiteres als einen Hermann Oberth hervorgebracht - selbst dann wäre ihre Existenz auf dem Planeten Erde nicht umsonst gewesen.

Hans Barth

I. DIE BERGSCHULE UND DIE RAKETE

Die in diesem Abschnitt aufgenommenen Anekdoten stammen aus den Jahren bis zu Hermann Oberths Studienabschluß (1894-1922). Der spätere Wissenschaftler besuchte das humanistische Gymnasium in Schäßburg, die „Bergschule", und legte dort (Juni 1912) sein Abitur ab. Ein Jahr danach begann er auf Drängen des Vaters das Medizinstudium an der Universität München, das er aber schon nach zwei Semestern unterbrechen mußte: der Erste Weltkrieg war ausgebrochen. Oberth wurde eingezogen, doch schon nach fünf Monaten in einer Schlacht in den Karpaten verwundet; dem Vater gelang es, den Sohn im Schäßburger Notreservelazarett zurückzubehalten. Im Rang eines Sanitätsfeldwebels arbeitete er hier bis zum Ende des Krieges. Im Sommer 1919 heiratete er die Schäßburgerin Mathilda Hummel, und im Herbst des gleichen Jahres begann Oberth das Studium der Physik, zunächst an der Klausenburger Universität, danach in München, Göttingen und Heidelberg. Im Frühjahr 1922 reichte er an der Heidelberger Universität seine Doktorarbeit über die Erreichbarkeit des Weltraums ein, die jedoch mit der Begründung zurückgewiesen wurde, sie behandle ein für die da-

malige Zeit unbekanntes Fachgebiet. Ein Jahr später ließ Oberth seine Arbeit auf eigene Kosten drucken. Das im Münchener Oldenbourg Verlag erschienene Buch Die Rakete zu den Planetenräumen (1923) sollte das erste Standardwerk der modernen Raketentechnik und wissenschaftlichen Astronautik werden.

Die ersten Schultage

Bereits mit sechs Jahren ging Hermann Oberth in die Schule. Am Anfang war die Begeisterung nicht besonders groß. Schon der erste Schultag hatte nicht gut begonnen. Auf die Ermahnung des Lehrers: „Hermann, in der Schule muß man gehorchen!" hatte er ganz unbefangen entgegnet: „Warum denn? Ich gehorche ja meiner Mutter auch nicht." Und ein paar Tage später, nachdem der Lehrer die Frage, „wieviel ist zwei mal zwei?" schon an etliche Klassenkollegen gerichtet und die richtige Antwort „vier" erhalten hatte, fügte Oberth seiner Antwort noch die Bemerkung hinzu: „Das könntest du jetzt endlich wissen!" und programmierte damit gleichsam die Prügelstrafe des Vaters vor. Vom Vater habe er insgesamt siebenmal Prügel bekommen, wußte Oberth noch in hohem Alter zu berichten: „Zweimal zu Unrecht, fünfmal leider zu Recht." Zu den „gerechten" Strafen zählte er freilich auch jene nach dem Rechenvorfall in der ersten Klasse.

Anzeichen eines mathematischen Genies

Die mangelnde Begeisterung am Unterricht wurde irgendwann mal überwunden, und mit den Jahren wuchs das Interesse des Schülers vor allem an den naturwissenschaftlichen Fächern.

In einem Brief vom 30. April 1901 an die Freundin Marie gibt sich die Mutter schon weitaus optimistischer: „Hermann hat seine anfängliche Antipathie über eine systematische Tätigkeit überwunden, und ich glaube, auch sein Lehrer freut sich an ihm. Besonders über seine leichte Auffassung von Reimen und über Rechnen ist der Lehrer erstaunt. Sein Zahlengedächtnis ist wirklich großartig. Ich hatte ihn absichtlich vor der Schule nichts gelehrt - er konnte zum Entsetzen meines Mannes nicht einmal bis 20 zählen und kein Wort schreiben. Jetzt rechnet er sogar bis 5 mal 12 = 60. Nachdem ihm mein Mann auf seine dringende Frage erklärt hatte, was eine Million, Milliarde und Billion ist, dachte er eine Zeitlang nach und sagte dann: 'Eine Billion mal eine Billion schreibt man mit 24 Nullen, wie heißt diese Zahl?' Er macht auch Gedichte. Die Heldentaten seines jüngeren Bruders Adolf werden darin verherrlicht ..."

„Man kann alles, nur muß man es richtig wollen können"

Zum 10. Geburtstag schenkte der Vater Hermann Oberth ein kleines Teleskop. Abend für Abend richtete er nun sein Fernrohr auf den Sternenhimmel. Eine Frage nach der anderen drängte sich ihm dabei auf, so daß der Vater sich der vielen Fragen bald nicht mehr erwehren konnte. „Was ist der Mond?" will der kleine

„Himmelsforscher" wissen. „Ein Steinball. Und was man darauf sieht, sind Gebirge", gibt Dr. Oberth Auskunft. „Kann man mal hin gelangen?" fragt Hermann. „Ja, vorausgesetzt, es wird eine Maschine erfunden, mit der man den Mond erreichen kann." Der Junge läßt nicht locker: „Und kann man das?" Darauf erhält Hermann eine Antwort, die er nie vergessen sollte: „Man kann alles, nur muß man es richtig wollen können".

Selbstgespräche

Dr. Julius Oberth pflegte, einer Anekdote zufolge, oft Selbstgespräche zu führen. Auf Hermanns Frage: „Vater, warum redest du so viel mit dir selber?" antwortete er regelmäßig mit den Worten: „Erstens, mein Sohn, spreche ich gerne mit gescheiten Menschen, zweitens höre ich gerne zu, wenn gescheite Menschen reden."

Fruchtlose Phantasien

In einem späteren Brief machte sich Valerie Oberth Sorgen über die Entwicklung ihres Sohnes, den nur noch Physik und Mathematik und Astronomie interessieren würden. „Mir ist diese frühe geistige Entwicklung gar nicht recht", heißt es in einem Brief vom 22. Januar 1907. „Ich sähe ihn lieber mit Adolf im Schnee herumtollen. Ich habe lange versucht, ihn künstlich zurückzuhalten, wie ich dann aber merkte, daß er sich dann in fruchtlose Phantasien verlor und doch seine eigenen Wege ging und vor sich hin studierte, da gab ich nach und lasse ihn jetzt lesen, was er will, da lernt er doch wenigstens etwas, was er im Leben brauchen kann. Bei seiner ausgesprochenen Vorliebe für Physik wird er wohl als Studium ein in Physik schlagendes Fach wählen, was er also heute lernt, ist nicht verloren."

Allein, bei so vielen „fruchtlosen Phantasien" fielen dann auch die Schulleistungen des Sohnes immer mittelmäßiger aus. Und das gefiel der Mutter gar nicht mehr: „Mein Bub Hermann ist leider mein Sohn. Er arbeitet auch ruckweise und hat zum erstenmal ein Zeugnis ohne *Vorzug* gebracht."

Echte Muttersorgen

Im Juli 1911 schrieb die besorgte Mutter an ihre Freundin: „Hermann ist die 'Krasser Vally' in gröberer, männlicher Ausgabe. Scheu, linkisch im Verkehr mit Fremden, weltfremd und verträumt, unfähig, mit Fremden zu sprechen, mit unfreundlichem, trotzigem Gesichtsausdruck, macht er auf jeden, der ihn nicht näher kennt, einen unliebenswürdigen, ja abstoßenden Eindruck. Sein Sinn für Humor, sein stets hilfsbereites Wesen kommt erst bei sehr naher Bekanntschaft zum Vorschein. Vielleicht erzieht ihn die Fremde, wie sie mich einst erzog, aber mir ist bange um ihn."

Weltraummedizinische Versuche im Schwimmbad

Nachdem Hermann Oberth schon als Gymnasiast der Schäßburger „Bergschule" herausgefunden hatte, daß Weltraumflüge mit Raketenantrieben möglich sind, wollte er nun auch in Erfahrung bringen, ob der Mensch die besonderen körperlichen Belastungen eines Raketenaufstiegs ertragen würde. Die Antwort darauf sollten ihm seine eigenartigen Versuche im Schäßburger Schwimmbad bringen. „Ich füllte eine Sektflasche 1/3 bis halbvoll mit verschiedenen Flüssigkeiten", berichtete er darüber in seinem Vortrag, „verkorkte sie und sprang damit vom Turm ins Wasser, die Flasche mit dem Hals nach unten haltend. Wenn ich die Spitze am Ende des freien Falls etwas nach unten bewegte, um die Verzögerung durch den Luftwiderstand zu kompensieren, sah ich, daß die Flüssigkeit tatsächlich darin schwebte." Was diese Beobachtung beweise, erklärte Oberth folgendermaßen: „Bei diesen Versuchen erkannte ich, daß der Mensch den hohen Andruck während des Aufstiegs vertragen würde. Daß er ihn körperlich tagelang aushalten würde, das war mir klar. Ob auch seelisch, das war freilich noch fraglich, doch ein Erlebnis, das mich übrigens beinahe das Leben gekostet hätte, brachte mir dann diese tröstliche Gewißheit. Im Herbst 1911 badete ich an einem kalten Morgen allein im schlammigen Wasser des Beckens unserer Schwimmschule. Ich wollte es in einer Diagonale unter Wasser durchschwimmen und stieß dabei an eine Wand, die mir nahezu senkrecht zu sein schien. Ich hatte das Gefühl, ich sei zu weit rechts abgekommen und schwamm daran nach links entlang, bis ich auftauchen wollte und auf einmal nicht mehr an die Oberfläche fand. Aus verschiedenen Anzeichen erkannte ich endlich, daß diese Wand in Wirklichkeit der Boden war. Ich stemmte mich dagegen und kam noch so rechtzeitig nach oben, um Ihnen dies heute erzählen zu können."

Daraus schloß Oberth, daß ein Mensch die Schwerelosigkeit im Weltraum auch psychologisch vertragen könne. Das Gefühl für oben und unten bleibt erhalten, aber es stimmt nicht mehr mit der Wirklichkeit überein. „Und wenn es sich jetzt herausgestellt hat", erinnerte sich der Raumfahrtpionier viele Jahre später, „daß die Menschen die Andruckfreiheit im Raumschiff wirklich vertragen, so wundere ich mich nicht über diese Tatsache, sondern nur darüber, daß man mir das vierzig Jahre lang nicht geglaubt hat."

Es waren dies die weltersten Untersuchungen zur Weltraummedizin. Die Anfänge dieser neuen Wissenschaft liegen somit im Schäßburger Schwimmbad.

Aufatmen nach der Matura

Vom „Sorgenkind" Hermann ist auch kurz vor dem Matura-Examen (Abitur) in den Briefen der Mutter die Rede. „Er versteht es absolut nicht, sich zur Geltung zu bringen, geniert sich zu zeigen, daß er weichherzig ist, trägt die teuersten Stoffe ab, daß er in wenigen Tagen armselig aussieht, was ihn zwar geniert, aber nicht bessert. Er ist in der Gesellschaft doppelt linkisch, weil er weiß, daß er es ist, kann er sich nicht helfen, er ist unpraktisch, sehr fleißig, vertrandelt, vertrödelt und verträumt aber eine Unmenge Zeit. Das ist mein 'Sorgenkind', mein Hermann."

Drei Monate später darf die Mutter dann erleichtert aufatmen: „Hermann hat die Matura mit 6 'Vorzüglich' und 6 'Gut' überstanden und für Mathematik das Prämium bekommen. Die Mathematik hat er von seiner Mutter geerbt! Mein Mann möchte, auch Hermann solle Arzt werden, ich bin der Meinung, es solle jeder seiner speziellen Begabung nach den Beruf wählen, und Hermann hat absolut keine Begabung zum Arzt, dafür aber besondere Begabung für Physik und Mathematik."

Der „verrückte Oberth" will zum Mond fliegen

Und noch etwas sorgte für Unstimmigkeiten in der Familie Oberth, die zur Schäßburger Stadtprominenz gehörte. Ihr Sohn Hermann war inzwischen zum Stadtgelächter geworden. In seine Rechnungen und Pläne vertieft, ging er meist (absichtlich) im Wassergraben neben dem Bürgersteig, um mit den Straßenpassanten nicht zusammenzustoßen. In der Stadt und Umgebung wurde schon längst getuschelt: „Der verrückte Sohn des Dr. Oberth will auf den Mond fliegen." Daß selbst der Vater an diese vermutliche „Verrücktheit" glaubte, bestätigt eine authentische Begegnung aus dem Schäßburger Krankenhaus, das unter der Leitung von Dr. Oberth stand. Ein ehemaliger Patient aus dem burzenländischen Dorf Marienburg erinnert sich: „Dr. Oberth pflegte seine Patienten auch abends, bei schweren Fällen auch während der Nacht, noch einmal zu besuchen. Eines Abends nach der Visite blieb er, in Gedanken versunken, vor dem Fenster stehen, und, ohne etwas zu sagen, blickte er minmutenlang in den dunklen Abend hinaus, wobei er oft stöhnte und traurige Miene machte. Ich frug ihn, beinahe selbst über sein Verhalten erschrocken: 'Ist was, Herr Doktor? Fühlen Sie sich nicht wohl?' Worauf er sich umdrehte und sagte: 'Oh nein, Herr Kaufmes! Es ist was ganz anderes: Ich habe einen unnormalen Sohn. Stellen Sie sich vor, den interessiert nichts anderes, als auf den Mond zu fliegen. Und er behauptet sogar, er könne es beweisen, daß das auch möglich sei …'"

Moderne Malerei

Als Hermann Oberth 1913 während seines Medizinstudiums in München die ihm häßlich und unverständlich scheinenden Bilder moderner Maler betrachtete und sich darüber wunderte, daß viele sie angeblich mochten, beschloß er, einen Versuch vorzunehmen, um herauszufinden, ob moderne Malerei mehr als nur ein Flop sei. So nahm er einen Bogen Papier, legte neben das Papier Wasserfarben und Pinsel, band eine undurchsichtige Binde vor die Augen und pinselte mit den verschiedenen Farben Kleckse und Striche auf das Papier. Das entstandene „Gemälde" betitelte er: „Gefühle der Abreisenden am Zug". Dann marschierte er zu einem Kunsthändler. Er gab sich als Kunststudent aus, der in Geldnöten sei und bot sein Bild an. Seine stets etwas chaotische Kleidung mag beim Kunsthändler auch einiges bewirkt haben, jedenfalls gab er Oberth dafür 20 Reichsmark für das Bild. Wenn der Wissenschaftler später über dieses Erlebnis sprach, pflegte er zu sagen, darstellende Kunst sei wohl weniger vom handwerklichen Können als vielmehr vom Zeitgeist beeinflußt.

Weltraummedizin in der Badewanne

Die Sache mit dem Schwimmbad war nicht das einzige Unterfangen Oberths, in die Geheimnisse der Weltraummedizin einzudringen. Um zu erforschen, ob der menschliche Körper die Schwerelosigkeit im Weltraum auch über längere Zeit ertragen könne, hatte sich der von der Ostfront zurückgekehrte Sanitätsfeldwebel ein seltsames Experiment ausgedacht. Er wußte, daß Skopolamin die Gleichgewichtsorgane des menschlichen Körpers betäubt und daß Alkohol und Anästhesin die Muskel- und Gelenkfunktionen lähmen. Wenn also diese Organe ausgeschaltet sind, fühlt man sich wie ein Weltraumflieger in schwerelosem Zustand. Um auch die Empfindungen auszuschalten, die uns die Orientierung über unsere Lage im Raum geben, legte sich Oberth in eine große Badewanne, tauchte unter Wasser und atmete durch einen Schlauch, den er um seinen Körper wickelte. Als die Wirkung der Gifte einsetzte, drehte er sich ein paarmal um die eigene Achse, wobei er die Augen zuhielt. Er hatte so alle Orientierung verloren und schob den Stab, den er in die Senkrechte bringen wollte, völlig planlos hin und her. Die heraufbeschworene Desorientierung war also perfekt. Für das Beobachtete fand Oberth folgende Erklärung: „Ich konnte feststellen, daß ich selbst nicht seekrank wurde, wenn ich diese

Drogen benutzte. Fehlender Andruck erzeugt anfangs Schrecken. Der Schrecken ist jedoch um so geringer, je öfters man den Versuch wiederholt. Nach wiederholtem und anhaltendem Training bleibt er überhaupt aus. Dem Schrecken folgt eine eigentümliche Empfindung in der Gegend der Speiseröhre. Sie erlischt aber nach etwa anderthalb Minuten. Gehirn und Sinnesorgane arbeiten intensiver. Puls und Herzschlag steigen anfangs, werden später aber wieder normal." Vier Jahrzehnte später sollte die praktische Raumfahrt all dies - ohne jeden Abstrich - bestätigen. Noch mehr: Das von Oberth im Jahre 1917 ausprobierte Skopolamin wird auch heute noch, nach nunmehr 80 Jahren, in der Weltraummedizin weiterhin verwendet.

Hermann Oberth als Chirurg

In einem Brief aus dem Jahre 1980 an den deutschen Luft- und Raumfahrtmediziner Prof. Dr. Heinz S. Fuchs bewertete Hermann Oberth seine medizinische Entdeckung folgendermaßen: „Die einzige medizinische Leistung, auf die ich mir etwas einbilden könnte, wenn ich dazu das Talent hätte, war, daß ich die Bedeutung des Skopolamins und Athropins für die Unterdrückung des Gleichgewichtssinns erkannte und feststellte, daß ein Astronaut den schwerelosen Zustand ertragen wird, ohne ohnmächtig oder seekrank zu werden. Ich hatte mir nämlich gesagt, daß die

Seekrankheit eine psychologische Erscheinung ist und daß man zum Studium der Wirkung eines psychologischen Zustandes es nicht nötig hat, den Zustand wirklich herbeizuführen, sondern daß es genüge, ihn den Sinnen vorzutäuschen, eine Wahrheit, die damals selbst einige Hochschulprofessoren nicht einsehen wollten."

Sodann folgt im selben Brief eine Mitteilung, die sich selbst für den Biographen Oberths als große Überraschung, um nicht zu sagen, als echte Sensation herausstellte: „In der medizinischen Wissenschaft habe ich es nur bis zum Sanitätsfeldwebel im Ersten Weltkrieg gebracht, und meine höchste Leistung war es, daß ich einmal - in Ermangelung eines verfügbaren Arztes - eine Blinddarmoperation ausführte, wobei der Patient sogar genas."

„Raketen können nicht weiter fliegen als sieben Kilometer"

1917 hatte Oberth sogar den Entwurf einer ballistischen Fernrakete erarbeitet, den er auf Anraten seines Vorgesetzten dem deutschen Konsulat in Kronstadt mit dem Ersuchen übergab, ihn an die zuständigen deutschen Reichsstellen weiterzuleiten. Es war ein ausgereiftes Modell der späteren V 2-Rakete, die während des Zweiten Weltkrieges in Peenemünde entwickelt wurde. Die Antwort, die Oberth erst viele Monate später auf seine Eingabe erhielt, lautete jedoch: „Wie die Erfahrung lehrt, können Raketen nicht weiter fliegen als sieben Kilometer. Und bei der sprichwörtlichen preußischen Gründlichkeit, mit der auch unsere Stelle arbeitet, ist nicht zu erwarten, daß diese Zahl noch wesentlich übertroffen werden könnte."

„Du wirst doch nicht den verrückten Oberth heiraten!"

Es war auf einer Tanzunterhaltung im Schäßburger Burenwirtshaus. Hier lernte Hermann Oberth ein junges Mädchen kennen, auf das er schon lange vorher ein Auge geworfen hatte. Als er dann aber Tilly seinen Eltern vorstellen wollte, lief sie ihm einfach weg. Nicht etwa, weil sie das Gerede der Leute beeinflußt hätte, sondern einfach aus Schüchternheit. „Ich war ein armes, einfaches Mädel, während er der Sohn des berühmten Chirurgen Oberth war", erinnert sich Frau Oberth. Aber Hermann Oberth sah nicht auf die Mitgift, so wie Mathilda, von allen Tilly genannt, nicht auf diejenigen hörte, die sie warnten: „Du wirst doch nicht den verrückten Oberth heiraten!"

Die versalzene Hochzeit

Wie es wirklich zugegangen war, erzählte Professor Oberth seinen Gästen, die zum 80. Geburtstag von Frau Oberth nach Feucht gekommen waren. In seiner mit sehr viel Humor gespickten Tischrede hieß es nämlich:

„Verzeiht, wenn ich Eure angeregten Gespräche unterbreche, um Euch mit einer Rede zu langweilen. Doch leider schickt es sich nun einmal so, und Du, liebe Tilly, hast eine Lobeshymne aus meinem Mund auch wirklich reichlich verdient!

Es sind nun 66 Jahre her, und ich stand in dem Alter, wo die Mädchen anfangen, einem zu gefallen. Da sah ich in Schäßburg am Burgplatz ein blondes Mädchen, das mir besonders gut gefiel, und ein Freund, der neben mir ging, sagte mir, daß sie Hummel Tilla hieße.

Zu Weihnachten sah ich sie dann wieder bei einer Aufführung der Mädchenschule. Die Großmutter erzählte, wie sie von den Zigeunern geraubt worden war. Tilly sang im Chor mit, und gerade an der Stelle: 'Mit reicher Sanftmut war ich nicht gesegnet', knuffte sie ihre Nachbarin. Dann vergingen acht Jahre, wo ich sie zwar manchmal noch sah, aber zu scheu war und auch zu viel anderes im Kopf hatte, um mit Mädchen anzubandeln. - Im Januar 1918 trafen wir uns dann vor der geschlossenen Türe eines Tanzlokales, denn wir waren beide zu spät gekommen. Es gelang mir aber, hineinzuschlüpfen und sie mitzunehmen. Wir tanzten fast den ganzen Abend miteinander, und von da an versuchte ich, an sie heranzukommen.

Sie machte es mir nicht leicht. Einmal fragte sie: 'Herr Oberth, haben Sie nichts Gescheiteres zu tun, als mit mir spazieren zu gehen?' Da wurde ich endlich böse und sagte: 'Fräulein Tilly, wenn Sie das noch einmal sagen, dann komme ich nicht mehr!' Doch das wollte sie dann auch wieder nicht. Ich war damals zwar noch Sanitätsfeldwebel im Notreservespital in Schäßburg, ich hätte aber jederzeit an die Front kommen und fallen können, und da mein einziger Bruder bereits gefallen war, hätten meine Eltern dann wenigstens durch mich einen Enkel gehabt, und so versprachen sie mich zu unterstützen, wenn ich heiraten würde. Tillys Vormund fragte sie allerdings: 'Du wirst doch nicht den verrückten Oberth heiraten wollen?' Doch sie bestand darauf, was ich ihr auch heute noch hoch anrechne, und so kam denn ohne größere Schwierigkeiten am 6. Juli 1918 die Hochzeit zustande.

Bei der Hochzeit selbst hat es dann aber noch zwei Zwischenfälle gegeben:

Der Standesbeamte, der uns traute, Herr Senator Friedriger, war ein kleines dickes Männchen, und als er nun eine seidene Schärpe umlegte, ein würdiges Gesicht machte und salbungsvoll zu sprechen begann, sah das so komisch aus, daß ich schon Mühe hatte, ernst zu bleiben.

Aber da stieß mich die böse Tilly gar in die Seite und warf mir einen vielsagenden Blick zu, da konnte ich mich nicht mehr halten, ich mußte mein Taschentuch herausreißen und vor das Gesicht halten, während meinen Körper ein konvulsivisches Zucken durchlief und aus meinen Augen Tränen drangen. Es dauerte fast eine halbe Minute, bis ich mich durch Zusammenbeißen der Zähne und Anhalten des Atems wieder in der Gewalt hatte. Der gute Herr Friedriger war sichtlich gerührt darüber, daß seine Rede mich so ergriffen hatte. - Nur gut, daß es damals noch keine Papiertaschentücher gab.

Doch Gott strafte Tilly noch am gleichen Abend. Beim Hochzeitsessen verwechselte sie das Salz mit dem Zucker und salzte sich die Himbeeren und fürchtete lange Zeit, daß nun auch unsere Ehe versalzen sein würde.

Und damit begann eine glückliche, wenn auch nicht besonders friedliche Ehe. Sie dauerte nun bald 57 Jahre, obwohl die meisten unserer Bekannten prophezeit hatten, daß sie spätestens in einem halben Jahr in die Brüche gehen würde ..."

„Nach dem Gesetz sind Sie Rumäne!"

Als Hermann Oberth sich 1919 nach München aufmachte, um das durch den Ersten Weltkrieg unterbrochene Studium wieder aufzunehmen, erlebte er die abenteuerlichste Reise seines Lebens. Zum einen dauerte sie ganze 14 Tage, denn bei den chaotischen Verkehrsverhältnissen der ersten Nachkriegsmonate mußte er eine Strecke von 50 km sogar zu Fuß zurücklegen. Zum anderen waren noch viele Grenzen gesperrt. An der bayerischen Staatsgrenze passierte dann das, was Auslandsdeutsche schon seit jeher schwer verstehen können: „Bayern ist für Nichtdeutsche gesperrt", erklärte ihm der Grenzbeamte. „Ich bin zwar ein rumänischer Staatsbürger", beteuerte Oberth, „weil Siebenbürgen an Rumänien gefallen ist - aber der Nationalität nach bin ich Deutscher!" Doch dies wollte dem Beamten nicht einleuchten: „Sie sind nach dem Gesetz Rumäne, und das gilt in diesem Fall. Verstehen Sie das doch!" Wie sollte Oberth diesem sturen Mann beibringen, daß Staatszugehörigkeit und Volkszugehörigkeit nicht immer das gleiche sein müssen? Doch dann versuchte er es mit Humor: „Gesetzt der Fall, ich hätte auf einer Insel gelebt, und das Meer hätte diese Insel überflutet - so wäre, wenn ich Ihrer Logik folge, das Meer mein Vaterland und die Fische wären meine Landsleute, nicht wahr?" Darauf konnte sich sogar der Beamte ein Lächeln nicht verkneifen und meinte schließlich: „Na schön, ich gebe Ihnen einen Grenzübertrittsschein, melden Sie sich damit bei der Fremdenpolizei in München, Sie Meeresbewohner!"

Mit einem Ganoven verwechselt

Während seiner Studienzeit in Göttingen (1920-1921) wanderte Hermann Oberth einmal bis nach Hamburg und zurück. Auf dem Heimweg hörte er auf einmal hinter sich: „Pst, pst, he du!" Er drehte sich um; hinter ihm standen zwei Ganoven: „Wir drehen ein Ding, bombensichere Sache, machst du mit? Du brauchst nur Schmiere zu stehen, keine Angst!" Oberth ließ sich den Plan der Diebe erklären und sagte dann aber, daß er leider dieses Mal keine Zeit hätte. Er verschwand hinter der nächsten Ecke und schlich auf Umwegen zu dem Bauern, bei dem der Einbruch geplant war, warnte ihn vor dem Anschlag und bekam zur Belohnung ein Stück Räucherlachs.

Zufällig sah er im Spiegel sein Äußeres und stellte fest, daß er tatsächlich den schönsten Galgenvogel hätte abgeben können. Gut daß ihn seine Frau Tilla in dieser Aufmachung nicht sehen konnte, die ohnehin ständig an seiner Kleidung und Haltung etwas auszusetzen hatte.

Der „Streikbrecher"

Während seines Studiums in Heidelberg (1921-1922) galt Hermann Oberth als der beste Mathematiker unter seinen Kommilitonen. Einmal löste er eine Aufgabe, die alle anderen Studenten nicht lösen konnten. Dies trug ihm den Namen „Streikbrecher" ein. Er scheute sich auch nicht, Professor Liebmann darauf aufmerksam zu machen, daß man eine Aufgabe auch eleganter lösen könne. Als der angesehene Universitätsprofessor das nächste Mal eine ähnliche Arbeit durchrechnete, sagte er: „Und jetzt mache ich es so, daß Herr Oberth nicht wieder widerspricht".

Verlage sorgen sich um ihren Ruf

Aus Heidelberg hatte Oberth seine als Dissertation zurückgewiesene Arbeit *Die Rakete zu den Planetenräumen* bereits an acht Verlage geschickt und sie immer wieder zurückbekommen. Er bat deswegen, ihm eine Begründung für die Ablehnung zu nennen. Die Antwort lautete: „Der Verlag" müsse „auf seinen streng wissenschaftlichen Ruf achten", und „solch ausgefallene Arbeiten seien geeignet, diesen Ruf zu beeinträchtigen". Solche und ähnliche Antworten erhielt er insgesamt fünfmal, bis er die Arbeit schließlich aus eigenen Mitteln drucken ließ.

Die falschen Voraussetzungen

Nachdem Hermann Oberths Frühwerk *Die Rakete zu den Planetenräumen* 1923 erschienen war, wurde sein Name in Deutschland schnell bekannt. Ein Jahr darauf bot sich ein Bankier aus Würzburg namens Barthel an, Oberths Raketenentwicklungen zu finanzieren. Seine endgültige Entscheidung machte der Bankier jedoch von einem Guthaben abhängig, das er an der TH Berlin bei Professor Franke in Auftrag gegeben hatte. Im Dezember 1924 - Oberth war inzwischen wieder zu Hause in Schäßburg - bekam er schließlich folgenden Bescheid: „Professor Franke von der Technischen Hochschule sowie diejenigen Professoren, die er ebenfalls zur Begutachtung herangezogen hatte, erklären, daß mathematisch wohl nichts einzuwenden sei, daß Sie aber von falschen Grundvoraussetzungen ausgegangen sein müßten." Darauf schrieb Oberth an Professor Franke einen höflichen Brief, in dem er um die Bekanntgabe der „falschen Voraussetzungen" bat. Doch sowohl dies als auch alle folgenden Schreiben Oberths blieben unbeantwortet. Verständlich also, wenn Oberth diese Enttäuschung ein Leben lang nicht vergessen konnte. Sein Kommentar dazu: „Franke hat das Geheimnis, welche meiner Grundvoraussetzungen denn nun eigentlich falsch sei, mit ins Grab genommen. Ein echter deutscher Professor!"

Kritik kann manchmal hilfreich sein

Ähnlich erging es Oberth auch mit den zahlreichen Attacken gegen ihn, die selbst in so renommierten Fachzeitschriften erschienen, beispielsweise in der Zeitschrift des „Vereins Deutscher Ingenieure" (VDI). Die gesamte (traditionelle) Fachwelt war gegen ihn. Doch all das hatte auch etwas Positives zur Folge, wie es Willy Ley, einer der ersten und international namhaftesten Raumfahrthistoriker, auf den Punkt brachte: „In jener Zeit war Robert H. Goddard ein wahrer Hellseher in seinem Geburtsland Amerika. Seine erste Veröffentlichung (1920) über Raketenforschung hatte keine speziellen Diskussionen in den wissenschaftlichen Zeitungen ausgelöst. Dasselbe hätte auch Oberth passieren können, wenn ihn nicht so ein bedeutender Mann wie Lorenz [Geheimrat Professor Dr. Konrad Lorenz war Vizepräsident des VDI und Vorsitzender der „Wissenschaftlichen Gesellschaft für Luftfahrt"; Anm. d. H.] angegriffen hätte. Dieser Zwist in den deutschen Fachzeitschriften löste eine Pro- und Contra-Welle von Artikeln aus, welche bald Oberths Ansichten bestätigen sollten und ihm zu seinem wohlverdienten Ruhm als Vater der Weltraumtechnik verhalfen".

II. GYMNASIALLEHRER IN SIEBENBÜRGEN

Von seinem Studium in Deutschland wieder in seine siebenbürgische Heimat zurückgekehrt, lehrte Oberth zunächst Physik und Mathematik am Schäßburger Mädchenseminar und an der „Bergschule". Mit Beginn des Jahres 1925 übernahm er die gleiche Stelle - diesmal war sie fest - am Stephan-Ludwig-Roth-Gymnasium in Mediasch, die er 14 Jahre lang behielt. In seine Mediascher Jahre, die fruchtbarste Periode seines Lebens, fallen die Herausgabe seines Hauptwerkes Wege zur Raumschiffahrt *(1929), die umfangreiche Korrespondenz mit allen anderen Frühpionieren der Weltraumfahrt sowie zahlreiche Vortragsreisen im In- und Ausland. Besonders wichtig für ihn waren auch seine praktischen Raketenversuche in den Werkstätten der Mediascher Fliegerschule, wo Oberth von 1932 bis 1938 arbeiten durfte.*

„Das stimmt alles, was Hermann hier bewiesen hat!"

Sein Buch *Die Rakete zu den Planetenräumen* hatte Oberth auch in Schäßburg an einige Kollegen verschenkt. Die Lehrer der Physik und Mathematik machten sich auch die Mühe, das Werk durchzugehen. Dabei hatte Karl Roth („der Fisi"), ein mit Oberth verschwägerter Physiklehrer an der „Bergschule", die Gedankengänge des Wissenschaftlers von Anfang an verfolgt und vieles davon auch verstanden. Dies bezeugt ein Urteil, das er vor seinen Kollegen immer wieder äußerte: „Das stimmt alles, was Hermann hier mathematisch und physikalisch bewiesen hat. Wann und ob dies auch einmal durchgeführt wird, das ist eine andere Frage, weil es sehr viel Geld kostet." Eine Aussage, die beweist, daß über *Die Rakete zu den Planetenräumen* in seinem heimatlichen Schäßburg nicht nur gelacht wurde.

Oberth macht Ziolkowski im Westen bekannt

Da Hermann Oberths Buch *Die Rakete zu den Planetenräumen* auch in Rußland sehr früh bekannt wurde - die amtliche „Iswestija" veröffentlichte bereits am 2. Oktober 1923 eine eingehende Besprechung des Buches -, schickte ihm Anfang 1925 der russische Frühpionier der

Kosmonautik, Konstantin E. Ziolkowski, seine soeben erschienene Arbeit zu. Mit Hilfe eines in Schäßburg lebenden russischen Emigranten konnte Oberth das Buch durchgehen. Als der deutsche Raumfahrtpionier Walter Hohmann in seinem Buch *Die Erreichbarkeit der Himmelskörper*, das Oberth im Auftrag des Münchener Oldenbourg Verlags zu begutachten hatte, den Deutschen Hermann Ganswindt als ersten Pionier der Weltraumfahrt in seinem Manuskript anführte, schrieb Oberth an Hohmann: „Der Russe Ziolkowski in Kaluga hat, glaub' ich, schon vor Ganswindt auf die Erreichbarkeit der Himmelskörper durch raketenartige Raumschiffe hingewiesen". Hohmann berücksichtigte diese Bemerkung und machte eine entsprechende Ergänzung in seinem Buch. Dies war die erste Erwähnung Ziolkowskis in der westlichen Fachliteratur, und sie erschien dank der Intervention Oberths.

„Herr Professor, wann fliegen wir auf den Mond?"

„Mein Gott, beneideten uns die anderen Klassen um unseren neuen Physikprofessor!" erinnerten sich ehemalige „Bergschüler". Worauf dies wohl zurückzuführen war? Mit Sicherheit auch darauf: Oberths Schüler hatten es bald herausbekommen, daß ihr Lehrer lieber über Mondflüge sprach, als irgendeine Pflichtlektion vorzutragen. Es brauchte einer nur zu fragen: „Herr Professor, wie ist das nun eigentlich mit der Mondrakete?" Oder: „Wann fliegen wir auf den Mond?" Das reichte schon für einen Plaudervortrag, der oft die ganze Stunde in Anspruch nahm. Allerdings gelangen den Schülern solche Ablenkungsmanöver nicht immer, auch durfte sich nicht jeder solche Freiheiten herausnehmen. Als beispielsweise der „Tetsche Kiel", der Sohn des reichen Buchhändlers Teutsch, es einmal probierte: „Herr Professor, nehmen Sie mich auch mit auf den Mond?" erhielt dieser prompt die Antwort: „Du kommst nicht mit, denn es gibt dort gerade genug Mondkälber".

Alle Schüler hatten gute Noten

„Am schönsten waren die Physikstunden im großen Physiksaal", erinnerte sich ein ehemaliger „Bergschüler", „wo auch ein Projektionsapparat stand, mit dem uns unser Professor seine Skizzen, Pläne und Entwürfe vergrößert zeigte. Nebenbei sei bemerkt, daß die Lichtbilder bei geschlossenen Fensterläden, also im Halbdunkel, gezeigt wurden. Dieses Halbdunkel eignete sich auch für verschiedene Tätigkeiten, die ein Tertianer auch sonst noch zu erledigen hat. In den letzten Bänken saßen immer einige, die für die nächste Stunde die lateinischen Vokabeln schreiben oder noch schnell die Rechenaufgabe vom Nachbarn abschreiben mußten. Außerdem eigneten sich diese Physikstunden auch zur Verabreichung von der fälligen Klassenprügel an einen Mitschüler, der etwas Unkollegiales gemacht hatte.

„Bei den Vorträgen über den Mondflug hatte unser Lehrer kaum Zeit, unser Wissen zu prüfen und die entsprechenden Noten ins Klassenbuch einzutragen", berichtete ein ehemaliger Schüler. „Hier hatten wir aber gemeinsam einen einvernehmlichen Ausweg gefunden und ein mündliches Abkommen vereinbart. Wenn wir unserem Professor ehrenwörtlich versicherten, daß wir unsere Aufgaben wirklich ordentlich gelernt hätten und gut vorbereitet seien, nahm er dies zur Kenntnis und trug, ohne eine einzige Frage an uns zu richten, die entsprechende Note ins Klassenbuch ein. Das war ein Einverständnis unter Ehrenmännern! Unsere Noten im Zeugnis versprachen, daß wir einmal alle hervorragende Physiker werden; wir hatten alle gute Noten."

Mathematisches Genie

Das Professorenkollegium der „Bergschule" wollte Oberth eines Tages wegen seines sagenhaften Kopfrechnens auf die Probe stellen. Sie diktierten ihm eine zwanzigstellige Zahl, die er mit ihr selbst im Kopf multiplizieren sollte. Er bat um völlige Ruhe, verbarg sein Gesicht in beide Hände und rechnete nach einer Methode, die nur er kannte. Alle Kollegen hatten am Papier mitgerechnet. Nach einigen Minuten diktierte er mit aufgehobenem Zeigefinger das richtige Resultat. Von den Kollegen aber hatte jeder ein anderes Ergebnis. Seither war Oberth unter ihnen das unbestrittene Rechengenie.

Entweder man kann Mathe, oder ...

„Ich muß euch Noten geben!" Mit diesen Worten kam Oberth einmal in die Klasse. Worauf die Schüler einstimmig zurückriefen: „Wir haben ja in Algebra noch nichts gelernt!" Darauf nahm Oberth die Kreide zur Hand und entwickelte an der Tafel von links oben in der Ecke bis ganz unten algebraische Formeln, bis die Tafel ganz voll war. Als die Schüler darauf mit langen Gesichtern erwiderten: „Davon verstehen wir ja gar nichts", sagte Oberth ganz verwundert und gekränkt: „Was kann ich dafür, wenn ihr so dumm seid? Entweder man kann Mathe - oder man kann nicht." In den folgenden Mathestunden schlug er dann den Katalog auf und beauftragte die zwei besten Schüler der Klasse, die anderen auszufragen und Noten einzutragen. Der Lehrer stand daneben und grinste, weil es ihm offensichtlich Spaß bereitete zuzusehen, wie die Mitschüler um die Gunst der „Prüfer" warben und diesen allerlei versprachen.

Explosion im Schullabor

Zwei Schüler des Mediascher Gymnasiums, von Professor Oberth gebeten, ihm wie schon des öfteren, bei seinen Versuchen zur Hand zu gehen, betraten den Vorgarten, als im Kellerlabor eine Explosion die Umgebung aufschreckte. Nachdem sie den ersten Schreck überwunden hatten, eilten sie zur Kellertreppe. Da wankte ihnen Professor Oberth entgegen, die Kleider zerrissen, die Hände vor dem verrußten Gesicht. Triumphierend rief er ihnen zu: „Gelungen! Gelungen!", um dann leiser und wie aus einem Traum erwachend, zu fragen: „Wo bin ich eigentlich?"

Beim Ausflug nach Pretai

Schüler des Mediascher Stephan-Ludwig-Roth-Gymnasiums machten mit Professor Oberth einen Ausflug in das Nachbardorf Pretai. Auf dem Heimweg machte ein Lausbub einem anderen den Vorschlag: „Spring über diesen Graben und simuliere einen verstauchten Knöchel. Du wirst sehen, der Oberth trägt dich auf dem Rücken heim." Kaum hatte dieser den Sprung getan und einen lauten Schrei ausgestoßen, eilte Professor Oberth herbei, sah sich das angeblich verstauchte Bein an, stellte fest, daß der Bub nicht auftreten konnte, lud ihn kurz entschlossen auf den Rücken und trug ihn bis zur kleinen Kokelbrücke. Dort ließ er aus einem Hof ein paar Stangen holen, baute eine Bahre zusammen, legte den „Patienten" darauf und wies die anderen Schüler an, ihn nach Hause zu tragen. Hinter der ersten Straßenecke kippten die Träger den schauspielernden Kollegen mit einem energischen „Aber jetzt runter!" kurzerhand in den Sand. Am nächsten Tag fragte Oberth den Vater des „Betroffenen" nach dessen Befinden. Darauf kam der Streich ans Licht, ohne daß Oberth darauf mit Ärger oder Tadel reagiert hätte.

Im fremden Mantel

An einem Schultag im Stephan-Ludwig-Roth-Gynmasium hatte Oberth beim Nachhausegehen versehentlich den Mantel eines Kollegen angezogen, der tailliert geschnitten und ihm viel zu klein war. Er sah aus wie eine Ballerina und lief so durch die Stadt nach Hause. Als seine Frau ihn sah und fragte, „wo hast du diesen Mantel her?", antwortete er mit völlig unschuldigem Blick „das ist doch mein Mantel" und war nur schwer vom Gegenteil zu überzeugen.

Der kleine Onkel

Oberth wurde einmal ins Lehrersprechzimmer gerufen, um dem Onkel eines Schülers über diesen zu berichten. Als er das Sprechzimmer betrat, saß ein kleiner Bub drinnen, blickte ihn frech an und fragte: „Nun, wie macht sich mein Neffe in der Schule?" Oberth war über das couragierte Auftreten des Jungen so perplex, daß er eine Weile lang nicht wußte, wie er sich verhalten sollte. Schließlich erfuhr er, daß „der Kleine" tatsächlich der Onkel des Schülers war.

„Aber das Butterbrot möchte ich haben ..."

Otto Folberth, Oberths Schuldirektor am Mediascher Gymnasium, berichtete folgenden Vorfall: Bei einer menschlichen Verrichtung hatte sich Oberth so ungeschickt hingestellt, daß ihm die Aktentasche ins Klo gefallen war. [Es handelte sich um eines der kleinen, diesem Zweck dienlichen landesüblichen Häuschen mit offener Grube.] Nun stocherte er mit einem Stecken in der breiigen Masse der Grube herum, als ein Kollege ihn überraschte: „Was tust du, Hermann? Du wirst doch nicht die Tasche wieder benützen wollen!?"

„Die Tasche nicht, nein. Sie war sowieso alt und zerrissen. Aber das Butterbrot möchte ich haben, das darin ist."

Das „Topfi" und das Kind

Hermann Oberth war stets beflissen, seinen Kindern ein guter Vater zu sein. Aber auch bei ihrer Erziehung hatte er nicht immer eine glückliche Hand. Eines Nachts bat die kleine Tochter Erna, auf den Nachttopf gesetzt zu werden. Oberth erfüllte der Kleinen den Wunsch. Aber nach verrichteten Dingen steckte er - verwirrt und zerstreut, vielleicht auch schlaftrunken - das „Topfi" ins Bett, und schob das Kind unter das Bett, wo es jämmerlich zu weinen begann.

Das Donnerwetter im Greweln

Einmal besuchte Oberth die Familie eines Cousins, die im „Greweln" bei Mediasch ein Landhaus besaßen. Da zog ein schweres Gewitter auf und verwandelte die Wege in Schlammflüsse. Die Gäste machten Oberth den Vorschlag, die Nacht bei ihnen zu verbringen, und er nahm das Angebot auch dankend an. Aber plötzlich war er weg und tauchte erst eine Stunde später auf.

„Um Gottes Willen Hermann, wo warst du denn?" fragte die besorgte Hausfrau. „Ich war zu Hause, um mein Schlafhemd zu holen. Ihr habt mich doch eingeladen, bei euch zu übernachten."

„Bei den Funken, Herr Professor!"

Geistesabwesend und zerstreut war Oberth auch im Unterricht. Pädagogisches Fingerspitzengefühl ging ihm völlig ab. Die Leistungen seiner Schüler beurteilte er entweder zu gut oder zu schlecht. Den Lausbuben unter ihnen war er nie gewachsen. Eine beliebte Methode, ihn von der Unterrichtsaufgabe abzulenken, bestand - wie schon erwähnt - darin, ihn nach den neuesten Erkenntnissen in der Raketenforschung zu fragen. Das schmeichelte dem gutmütigen Lehrer so sehr, daß er ihnen zumindest versprach, es am Ende der Stunde zu tun, falls sie bis dahin Disziplin und Ordnung bewahren würden. Bewährt hatte sich auch, auf seine gewohnte Frage im Physikunterricht: „Zu welchem Abschnitt waren wir in der vorigen Stunde gekommen?" regelmäßig mit: „Zu den Funken, Herr Professor!" zu antworten. Bei der Behandlung der Funken nämlich wurde der Physiksaal verdunkelt, und man konnte sich nach Herzenslust Spitzbübereien leisten. So wurden oft monatelang in seinem Unterricht die gleichen Kapitel behandelt, und zwar immer diejenigen, die seine Schüler sich wünschten.

Die Spiegel-Idee

Die Spiegel-Idee war nicht nur in Sachen Weltraumtechnik Oberths liebstes Kind. Auch im Unterricht versuchte er, mit Hilfe eines Spiegels pädagogische Wunderwirkungen zu erzielen. Sooft er nämlich seinen Schülern den Rücken kehren mußte, um an der Tafel eine mathematische Formel zu entwickeln, trieben die unbeobachteten Lausbuben hinter ihm sogleich allerhand Allotria. Deshalb bediente sich Oberth oft eines kleinen Spiegels, den er in der linken Hand der Klasse zugekehrt hielt, während er mit der rechten Hand die Kreide führte. Auf diese Weise wurde so mancher Lümmel identifiziert und zurechtgewiesen.

Schriftliche Strafarbeiten

Oberth pflegte es, an ungezogene Schüler schriftliche Strafarbeiten zu vergeben. So befahl er einem Schüler, fünfzigmal denselben Satz zu schreiben. „Ja, welchen Satz denn bloß, Herr Professor?" Oberth verärgert: „Zum Teufel nochmal! Schreib doch einfach hin: 'Meine Großmutter hat Runzeln im Gesicht!'" Diese schriftlichen Arbeiten lieferte Oberth dann in der Regel im Rektorat der Schule ab, als Beweis dafür, daß er streng mit seinen Schülern umzugehen pflege.

Die meisten Rechenfehler machte der Mathelehrer

Eigenwillig und sonderbar war auch, daß von allen Lehrern des Mediascher Gymnasiums der geniale Mathematiker und Kopfrechner Oberth es war, dem bei der Klassifizierung nach dem rumänischen Notensystem von 1 bis 10, wobei das Ergebnis und die Rangnummer der Schüler bis auf zwei Dezimalen auszurechnen waren, die meisten Rechenfehler unterliefen. „Man hatte den Eindruck" - so sein damaliger Rektor Otto Folberth, dem wir die Aufzeichnung mehrerer Anekdoten über Oberth verdanken -, daß „sein mathematischer Verstand erst jenseits von spangenlangen Formeln begann".

Wenn der Mathelehrer nicht mehr rechnen konnte

Über eine weitere anekdotische Begebenheit am Mediascher Gymnasium berichtet Professor Oberth in einem Schreiben an den Herausgeber: „Ich hatte mich über einen Cousin derart aufgeregt, daß ich schon zwei Nächte lang nicht mehr schlafen konnte. Um der Sache ein Ende zu machen, nahm ich um Mitternacht zwei starke Schlaftabletten ein. Als ich am nächsten Morgen zur Schule ging und das Pensum für den kommenden Tag überdachte, merkte ich mit Schrecken, daß ich überhaupt nicht mehr rechnen konnte. Während mir sonst die zahlentheoretischen Eigenschaften der Zahlen von - sagen wir 130 - so vertraut waren, wie einem Blumenfreunde seine einzelnen Zimmerpflanzen, erschienen sie mir heute fremd, und ich konnte mich gar nicht mehr konzentrieren. - Um mir nun vor den Schülern keine Blöße zu geben, sagte ich: 'Paßt jetzt gut auf, ich werde jetzt beim Rechnen Fehler machen, und ihr sollt mir sagen, wenn etwas falsch ist!' Glücklicherweise hatte ich an diesem Vormittag nur eine einzige Stunde, wo ich an der Wandtafel den Schülern etwas vorrechnen mußte. Im ganzen wiesen sie mir zehn Fehler nach, darunter zwei ungewollte. Beim zweiten entfuhr es mir: 'Herrgott, ich kann heute aber wirklich nicht mehr rechnen!' Da ging ein Finger hoch: 'Oh, der Herr Professor verstellt sich nur, in Wirklichkeit kann er sehr gut rechnen!' Jedenfalls hatte die Bande daran einen solchen Spaß, daß ich das noch sehr oft tat, und dabei auch das dazugehörige, dumme Gesicht machte."

Trigonometrische Romanze

Professor Oberth war stets bemüht, die „trockene Mathematik" möglichst anschaulich zu lehren, wobei Humorvolles nicht fehlen durfte. In Trigonometrie beispielsweise „dichtete" er hin und wieder „trigonometrische Romanzen", wo z. B. der Sinus der Tangente ein Ständchen brachte mit den Worten: „Der Inhalt des Kreises ist Pi mal R hoch zwei, o Tangens, ich liebe dich, ach wüßtest du, wie die Höhe a halbe mal Wurzel aus drei, geliebte Tangens, ich bleib dir treu." Oder ein mathematisches Diner: „Der Hauptgang war eine gebratene Tang-ente; als Nachtisch gab es Si-Nußtorte, Kosi-nüsse und Tim-Mandeln."

Alles verstanden, bloß ...

Bei einem Oberth-Vortrag meldete sich einmal ein Diskussionsteilnehmer: „Ich verstehe alles, was Sie über Raketen gesagt haben, Herr Professor. Aber ich möchte eine Frage stellen: Warum kommt das Feuer aus dem hinteren Ende und nicht vorne heraus?"

So ähnlich sei es - erzählte Oberth damit im Zusammenhang mit sichtlichem Vergnügen - dem Arzt ergangen, der ausgezogen war, die Menschen in den siebenbürgischen Winzerdörfern über die Schädlichkeit des Alkoholgenusses aufzuklären. Nachdem der Doktor ein Langes und ein Breites darüber gesprochen hatte, bedankte der Bürgermeister sich beim Arzt für dessen weise Worte und fügte hinzu: „Wir haben alles verstanden, Herr Doktor. Und wir werden uns auch daran halten. Im übrigen: Wir sind doch nicht blöd, diesen schädlichen Alkohol zu trinken, solange wir Wein und Schnaps in den Kellern haben!"

Richtige Lausbuben waren ihm sympathisch

Ein in Los Angeles lebender ehemaliger Oberth-Schüler schrieb Hermann Oberth einmal 1956 nach Huntsville einen Brief, in dem er seine Klasse und einige Lausbubenstreiche seiner Kollegen erwähnte. Oberth antwortete: „Ich erinnere mich noch recht gut an Sie und Ihren Jahrgang. Was so den 'Ärger des jungen Professors' betrifft, so war das nicht so tragisch wie es aussah. Innerlich habe ich an richtigen Lausbuben immer meine Freude gehabt, wenn ich auch nach außen so tun mußte, als wäre ich geärgert, launisch usw. Andernfalls wären mir nämlich meine lieben, jungen Freunde über den Kopf gewachsen ..."

Kein Geld für ungeleistete Arbeit

Typisch wie kennzeichnend für Oberth ist auch folgende Begebenheit: Es war die Zeit der Aufnahmeprüfungen. Oberth sollte in Mathematik und Johann Juga, der Rektor der Unterstufe, in Rumänisch prüfen. Der „Weltraumprofessor" war aber nicht erschienen, und sein Kollege mußte in beiden Fächern prüfen. Ex-Rektor Juga berichtete: „Oberth ist darauf drei Tage lang mit dem Geldschein hinter mir hergelaufen. Er habe dafür nichts getan, folglich könne er auch kein Geld annehmen."

Das neue Familienhaus in Mediasch

Nachdem Hermann Oberth Anfang 1925 seine Stelle am Mediascher Stephan-Ludwig-Roth-Gymnasium angetreten hatte, verkaufte er das Haus in Schäßburg und baute mit dem Erlös ein ebenso stattliches Zweifamilienhaus in Mediasch. Daß hierbei nicht alles reibungslos verlief, daran erinnert sich Dr. Erna Roth-Oberth noch ganz gut:

„Das Haus wurde sorgfältig geplant. Wahrscheinlich zu sorgfältig, denn jeder gab dem Architekten seine persönlichen Wünsche an, so daß dieser arme Mann zum Schluß gar nicht mehr wußte, was nun alles gebaut werden sollte. Das Haus, das dann schließlich doch entstand, erregte das Mißfallen meiner Mutter. Der Architekt hatte ja nur kleine Zimmerchen gemacht mit lauter Fenster und Türen. Wo solle sie denn da ihre Möbel hinstellen? Schnell entschlossen sagte sie: 'Diese Wand zwischen Eßzimmer und Salon muß weg!' Vater, der froh war, daß nach diesen endlosen Debatten mit dem Architekten nun das Haus endlich einzugsbereit dastand, sagte: 'Nein! Tilla, wenn du das tust, dann kriegst du Prügel!' Auch dies beeindruckte die Mutter nicht. Als der Vater einmal aus der Schule nach Hause kam, sah er gerade noch die Maurer auf einem Wagen Schutt wegfahren. Er lief ins Haus, und die Wand war weg. Aber auch Mutter war verschwunden. Sie hatte sich im nahegelegenen Wäldchen versteckt und die Kinder gebeten, sie ja nicht zu verraten. Nach einigen Stunden bildeten diese eine Informationsstafette, um die Stimmung im Haus zu ergründen und Mamas Rückkehr taktisch vorzubereiten. 'Wo ist Mama?' harrschte der Vater uns an. 'Wir wissen es nicht', war die mit Unschuld hervorgebrachte Antwort. Als es aber später und später wurde, und wir uns Sorgen um Mutter machten, sagte Lulu, der älteste Bruder, schließlich: 'Wenn du uns versprichst, daß Mama keine Prügel kriegt, dann will ich gehen und sie holen. Ich finde sie aber bestimmt nicht, wenn du mir dieses Versprechen nicht gibst.' Vater war besiegt. Also holte die ganze Familie sie heim - und es passierte natürlich nichts.

Es wurden schon Pakete gepackt

In der „Lustigen Ecke" der Zeitschrift „Rakete" vom 15. Juni 1928 erschien folgende Meldung aus Siebenbürgen: „Herr Dr. Oberth, der Vater von Professor Hermann Oberth, Mediasch, ist als Chirurg in ganz Siebenbürgen bekannt. Eines Tages verbreitete sich im Seklerland die Kunde, daß der Sohn des Herrn Dr. Oberth ein Luftschiff erfunden habe, mit dem man 'in den Himmel fliegen' kann, und es würden auch Pakete mitgenommen. Da begannen die Bäuerinnen im Seklerland, heimlich Pakete zu packen." - Ein Beweis dafür, daß Oberth auch außerhalb seines Heimatlandes bereits „anekdotisch" geworden war.

Kein Scheidungsgrund

In einem Brief vom 6. Dezember 1926 an den österreichischen Raumfahrtpionier Dr. Franz Hoefft klagt Oberth, daß er nicht mehr dazukäme, alle Briefe pünktlich zu beantworten: „Obwohl ich noch zehn unbeantwortete Briefe in meiner Schublade liegen habe und täglich 5-6 neue bekomme und obwohl Oldenbourg wegen der Neuauflage drängt und ich aus anderen Gründen, wie Theologische Prüfung usw., tatsächlich nicht mehr weiß, wo mir der Kopf steht, nehme ich Ihren letzten Brief vor allen anderen in Angriff..." Und daß es auch seine Frau nicht gerne sehe, wenn er soviel Zeit für die Raumfahrt aufwende, statt sich um Haus und Kinder zu kümmern, hatte Oberth Dr. Hoefft schon in einem vorangegangenen Schreiben beiläufig mitgeteilt. Dessen Rat sollte Oberth nun aber aus der Fassung bringen: „Ihr Rat, mich von meiner Frau zu trennen, ist doch hoffentlich nicht ernst gemeint. Übrigens würde es auch nicht viel helfen, denn da meine Frau absolut keinen Scheidungsgrund gegeben hat (sie ist im Gegenteil einer der bravsten Menschen, die mir vorgekommen sind, und ihre Vorwürfe entspringen im Grunde nur ihrer Liebe), so würden mich die Gerichte doch zu ihrer Erhaltung und sicherlich auch zur Erhaltung der Kinder verdonnern, und das würde unbedingt teurer kommen als ein gemeinsames und im Grunde genommen recht glückliches Familienleben. Außerdem wäre es auch um meine Kinder schade, von einem weiß ich sicher, daß er bei guter Erziehung es weiter bringen kann als ich selbst, auch die beiden anderen sind gut begabt und können der Menschheit wohl noch viel nützen."

Erfindung zur Herstellung von Einlegesohlen

Im Bestreben, seine chronische Geldnot einigermaßen zu mildern, machte Oberth Anfang der dreißiger Jahre eine merkwürdige Erfindung. Er ließ sich sie beim rumänischen Patentamt unter dem Titel „Verfahren zur Herstellung von Einlegesohlen" patentieren. Er wollte diese in einer eigenen Werkstatt herstellen und den Erlös zur Mitfinanzierung der Raketenversuche verwenden. Man könnte heute darüber lächeln, wenn es nicht zum Weinen wäre, wenn man bedenkt, daß weltberühmte Forscher und Wissenschaftler zu solchen Maßnahmen einfach gezwungen waren - und es zum Teil auch heute noch sind.

Tapfer geschlagen

Auf der Jahreshauptversammlung der „Wissenschaftlichen Gesellschaft für Luftfahrt" (Juni 1928) kam es zwischen Geheimrat Prof. Dr. Konrad Lorenz, dem erbitterten Gegner der Raumfahrtidee, und Hermann Oberth zu dem entscheidenden Rededuell. Lorenz hatte in der Zeitschrift des VDI eine vernichtende Kritik zu Oberths Raumfahrtbuch veröffentlicht und danach verhindert, daß Oberths „Entgegnung" gebracht wurde. Oberth schlug sich ganz tapfer und wider Erwarten geschickt. „Zunächst begrüße ich es", begann er seine Ausführungen, „daß sich ein so bedeutender Gelehrter wie Herr Geheimrat Lorenz der bisher arg vernachlässigten Raketentheorie angenommen hat. Weiter danke ich Herrn Geheimrat Lorenz für die offene und freimütige Art, in der er zugegeben hat, erst mir persönlich und schließlich der ganzen Versammlung gegenüber, daß ihm Konstruktionsvorschläge, die bisher von Anhängern der Kosmonautik gemacht worden sind, in der Hauptsache unbekannt sind, und daß er z. B. mein Buch *Die Rakete zu den Planetenräumen* gar nicht durchgelesen hat. Herr Geheimrat Lorenz ist also nicht, wie allgemein angenommen wird, nach einer eingehenden Beschäftigung mit den Konstruktionsvorschlägen zu seiner bekannten ablehnenden Stellung gekommen, sondern a priori ..." Abschließend erteilte Oberth dem

Geheimrat den freundlichen Rat: „Ich möchte im Interesse der Sache wünschen, daß sich Herr Geheimrat Lorenz erst mit den konstruktiven Voraussetzungen eingehender beschäftigt, damit die mathematische Kraft und der Scharfsinn, die er bisher auf die Lösung der Probleme verwandt hat, fruchtbringende Bahnen einschlagen möge."

Die Menschen lediglich nach ihren Leistungen beurteilen

Hermann Oberth war nicht nur der erste Wissenschaftler, dem der internationale Raumfahrtpreis „Prix International D'Astronautique" der Französischen Astronomischen Gesellschaft verliehen wurde, sondern für den - in Anbetracht des außerordentlichen Wertes, den sein Buch *Wege zur Raumschiffahrt* darstelle - der Preis von 5.000 auf 10.000 Franken verdoppelt worden war. Davon sichtlich beeindruckt, schreibt Oberth im Nachwort zu seinem 1929 erschienenen Buch: „Außer den greifbaren Vorteilen, die mir diese Anerkennung brachte und wohl auch noch bringen wird, hatte sie auch eine moralische Wirkung, die nicht gering einzuschätzen ist. Ich glaube offengestanden nicht, daß man in Frankreich einen solchen Preis einem Deutschen zuerkennen würde, zumal auch gute französische, russische, italienische und englische Arbeiten vorlagen. Es tut wohl zu sehen, daß Wissenschaft und Bildung imstande sind, nationale Gegensätze zu überbrücken. - Ich glaube, der Französischen Astronomischen Gesellschaft nicht besser danken zu können, als daß ich an dieser Stelle verspreche, auch meinerseits für Wissenschaft und Bildung zu arbeiten und den Menschen lediglich nach seinen Leistungen zu beurteilen."

Der erste Mondpassagier meldet sich an

Am 29. November 1929 schreibt die „Kronstädter Zeitung", daß sich ein Prager Bürger als erster Passagier für eine Mondreise bei Professor Oberth angemeldet habe, während das amerikanische Blatt „Denver Post" eine Prämie von 25.000 Dollar für den Sterblichen ausgesetzt habe, der zuerst auf einem fremden Himmelskörper landen würde. - Die Prämie ist 1969 dann auch tatsächlich an den ersten Mondastronauten Neil Armstrong ausgezahlt worden.

Ein großer Kopfrechner

Bald nach seiner Rückkehr aus Berlin hielt Hermann Oberth zahlreiche Vorträge, die ihn in alle größeren Städte Siebenbürgens führten. Diejenigen, die ihn bei seinen Vorträgen erlebt haben, erzählen darüber auch heute noch begeistert. Als außerordentlicher Kopfrechner hatte

Oberth die Gewohnheit, seine Zuhörer aufzufordern, ihm während des Vortrages mathematische Probleme zu stellen. Anwesende Studenten und Professoren übertrumpften einander dann in der Problemstellung. Oberth ließ sich bei seinem Vortrag natürlich nicht stören, nur ab und zu, an der Tafel vorbeigehend, schrieb er das Ergebnis auf. Dabei fügte er selbstsicher hinzu: „Wer etwas anderes herausbekommen hat, der hat sich geirrt!"

Geheimbesuch bei Professor Oberth

Februar 1932 wurde Professor Oberth in seiner Mediascher Wohnung in der Hermannstädter Straße von einem sowjetischen Geheimagenten aufgesucht, der ihm ein verlockendes Angebot der UdSSR überbrachte. Von „hohem Gehalt, schöner Wohnung, bester Verpflegung" usw. war dabei die Rede und vor allem von „ausgezeichneten Bedingungen, unter denen Sie dort arbeiten und experimentieren können - wie Sie wollen und was Sie wollen." Im Gespräch mit Wladimir I. Kubin, wie sich der ferne Besucher ausgab, konnte Oberth sich allerdings leicht überzeugen, daß die Russen intensiv experimentierten, daß sie vom Raketenbau etwas verstehen und daß er es daher keinesfalls mit einem Schwindler zu tun hatte. Natürlich lehnte Oberth ab, diesmal genau so wie auch zehn Monate spä-

ter, als der Geheimbote aus Moskau sich zum
zweitenmal meldete. [In Gesprächen mit Prof.
Dr. Boris V. Rauschenbach, dem Autor der in
Rußland erschienenen Oberth-Biographie und
maßgeblichen Mitarbeiter am russischen Raumfahrtprogramm, erfuhr der Herausgeber aus
kundigem Munde, daß es diese Art von Anwerbung namhafter ausländischer Wissenschaftler
tatsächlich gegeben hat und daß die Versprechen
auf „schöne Wohnung und gutes Gehalt" auch
immer eingehalten worden wären.]

Die Audienz beim König

Im Frühjahr 1932 wurde Hermann Oberth
zu einer Audienz bei König Carol II. nach Bukarest eingeladen. Der König eröffnete das Gespräch mit den Worten: „Ich habe Sie hergebeten,
um mich von Ihnen über Ihre Arbeit informieren zu lassen. Erzählen Sie!" Darauf Oberth:
"Darf ich fragen, ob Eure Majestät sich in technischen Dingen auskennen? Was darf ich bei
meinen Ausführungen voraussetzen?" „Sprechen
Sie wie zu einem Ingenieur", erwiderte der König.
Oberth sprach über seine wissenschaftlichen
Untersuchungen, seine Versuchsergebnisse sowie über die Notwendigkeit weiterer Experimente, für die ihm aber leider die Mittel und
Möglichkeiten fehlten. Carol II. stellte öfters
Zwischenfragen, die ein erstaunliches Auffassungsvermögen verrieten. So dauerte die Unter-

haltung zwei Stunden - statt der vorgesehenen 25 Minuten. Auch endete der Empfang nicht ganz ergebnislos: Oberth erhielt - wie bereits berichtet - die Genehmigung, in den Werkstätten der militärischen Fliegerschule von Mediasch seine Versuchsarbeiten fortzuführen, eine Möglichkeit, die er dann auch ausgiebig nutzen sollte.

Das Unangenehme für Oberth ereignete sich auf dem Heimweg. In seiner sprichwörtlichen Zerstreutheit hatte er nämlich seine Aktentasche mit Personalien und Fahrkarte im Hotel vergessen. Erst als kurz vor Ploieşti der Schaffner auf ihn zukam und ihm die Fahrkarte verlangte, wurde er sich dessen bewußt. Da er aber weder das Billet noch einen Personalausweis vorzeigen konnte, mußte er aussteigen und sich der Bahnhofspolizei stellen. Erst nachdem diese in der Hofkanzlei in Bukarest angerufen hatte, um zu prüfen, ob das mit einem „Professor Oberth aus Mediasch" auch tatsächlich stimme, erhielt er eine Freikarte und konnte den nächsten Zug nach Mediasch besteigen. Die Tasche aus dem Hotel kam einige Tage später mit der Post an.

Erzfeinde der Weltraumfahrt

Im Jahre 1930 hielt Oberth an der Wiener Urania-Sternwarte einen Vortrag. Die Wiener Landsmannschaft der Siebenbürger Sachsen gab nachher ein Essen, wo auch der aus Kronstadt stammende Astronom und Leiter der Wiener Sternwarte Oswald Thomas anwesend war. In einem Brief an den Herausgeber beschreibt Oberth diese Begegnung so: „Thomas war, wie alle damaligen Astronomen, ein Erzfeind der Weltraumfahrt und nahm meine Äußerung beim Vortrag, daß man sich auf den astromechanischen Teil meiner Voraussetzungen so sicher verlassen könne, wie auf eine prophezeite Sonnenfinsternis, zum Anlaß, um zu beweisen, daß das eine ungeheure Überheblichkeit sei, denn wir würden den Weltraum und seine Gefahren ja noch gar nicht kennen, denn es sei ja noch niemand dort gewesen. Ich fragte darauf, an was für Gefahren er eigentlich denke. Er sagte, das wisse man noch nicht, denn es sei noch niemand dort gewesen. Ich antwortete darauf ziemlich kühl, daß bei einer solchen Behauptung die Beweislast dem Behauptenden obliege, ich könne auf astronomischem Gebiet im Weltraum jedenfalls keine Gefahren erkennen, mit denen unsere Technik nicht fertig werden könnte, und meiner Ansicht nach sollte jede Forschung vorangetrieben werden, so lange ihre Unmöglichkeit nicht nachweisbar sei ..."

Die „Mediascher Raketenfahrt"

1931 war Willy Folberth, der Erfinder des elektrischen Scheibenwischers für Kraftfahrzeuge, nach 37 Jahren als reicher Mann aus den USA zu Besuch in seine Heimatstadt Mediasch gekommen. Er brachte eine Filmkamera und einen Projektionsapparat mit und zeigte seinen Landsleuten einige Filmproduktionen. Der Handwerker Adolf Haltrich, als Sänger, Humorist und Förderer der Mediascher Geselligkeit stadtbekannt, kam auf die Idee, mit Hilfe dieser Gerätschaften eine Lokalhumoreske zu drehen. In seinem schriftlich erhalten gebliebenen Bericht heißt es dazu: „Mein Projekt, eine Persiflage auf die Raketenfahrt zum Mond zu drehen, fand allseits freudigste Zustimmung und - es war kaum zu glauben! - Professor Hermann Oberth, ein Mediascher Kind Schäßburger Abstammung, übernahm in höchsteigener Person die Hauptrolle!" Und dann die merkwürdigsten Einzelheiten: „Binnen drei Tagen hatten wir alle notwendigen Gerätschaften beisammen, und mein Burggrund wurde Schauplatz dieses welterschütternden Ereignisses. Die 'Octettler' - ein vollzählig vertretener Männergesangsverein - bildeten die Komparsen und das staunende Publikum die Augenzeugen eines 'Zirkus' von fünf Szenen - zum Kranklachen."

Als aber dann dieser Film in Wien entwickelt worden war und die Bilder auf der Leinwand in

„wunderbarer Wirklichkeit" abrollten, gab es einen großen Teil der Zuschauer, die an die Echtheit dieser „Mediascher Raketenfahrt" glaubten. [Professor Oberth konnte sich an diesen „Zirkus" noch gut erinnern und hat auch seine Teilnahme daran bestätigt.]

Wiedersehen am Mediascher Gymnasium

Als Professor Oberth im Sommer 1972 das Mediascher Gymnasium besuchte, traf er auf einige seiner gewesenen Schüler. Sie waren jetzt selbst als Lehrer (Professoren) der Stephan-Ludwig- Roth-Schule tätig. Als ihn Gustav Servatius mit den Worten begrüßte: „Auch ich war Ihr Schüler, Herr Professor!", faltete Oberth in seiner charakteristischen Art und Weise die Stirn und entgegnete selbstsicher: „Servatius, sagen Sie. Ach ja, Sie saßen in der zweiten Bank zusammen mit Sturm ..." Phantastisches Gedächtnis! Nach über 40 Jahren ein solch bangloses Detail noch im Sinn zu haben! Und das ausgerechnet er, der „Mond-Professor", der mit seinen Gedanken (angeblich) stets über den Wolken lebte.

Streit um die richtige Kindererziehung

„Hinsichtlich der Kindererziehung waren wir überhaupt nicht immer der gleichen Meinung", ließ der schon längst weltbekannt gewordene Raumfahrtpionier die Gäste wissen, die sich zum 80. Geburtstag seiner Gattin eingefunden hatten. In der schon zitierten Tischrede des Hausherrn gibt es auch einige Stellen, die sich auf die Mediascher Ehejahre beziehen. Mit viel Humor schildert Professor Oberth folgende Begebenheiten:

„Unser Hausarzt Dr. Frank und ich waren beide Guttempler. Wir hatten zusammen einen Tagesausflug gemacht, auch einige Reden gehalten und ein paar Seelen vom Alkohol gerettet. Als ich heimkam, hatte Erna Halsweh und Fieber, und Tilly war in großer Sorge, denn es gab damals in Mediasch auch Diphterie. Ich wollte nicht gleich Dr. Frank rufen, weil er ebenso müde war wie ich, sondern dem Kind erst in den Hals sehen. Das holde Mägdelein wollte aber den Mund nicht aufmachen und heulte immer: 'M-m-m'. Ich hielt ihr darauf so, wie ich es als Mediziner gelernt hatte, die Nase zu. Sie beantwortete das mit einem lauten vernehmlichen 'Äääh', doch bevor ich ihr den Löffel noch richtig in den Mund gebracht hatte, lag mir Tilly schon in den Haaren und schrie: 'Ein herzloser Kerl!' Ich drehte mich um, sah, wie sie ausholte, um mir eine Ohrfeige zu geben. Ich hatte Jiu-Jitsu gelernt und besaß ziemlich harte Handkanten und konnte die beabsichtigten Schläge alle parieren, zumal sie freundlicherweise immer auf die Stelle blickte, die sie treffen wollte, die Boxer nennen das 'Telegrafieren'. Schließlich gab Tilly sich zufrieden und philosophierte mit angeschlagenen Unterarmen weinend über die Verworfenheit der Männer im allgemeinen und ihres Göttergatten im besonderen ..." Und dann zum Thema Kindererziehung: „Als vierzehnjähriges Mädchen zum Beispiel balgte Erna sich gern mit mir, und Tilly sagte einmal: 'Du darfst nicht vergessen, die Erna ist jetzt kein Kind mehr, sondern eine vollerblühte Jungfrau!' Als ich am nächsten Tag aus der Schule kam, sah ich im Garten zwei lange Mädchenbeine zum Himmel ragen. Ich sagte zu Tilly: 'Mir scheint, unsere vollerblühte Jungfrau steht Kopf'; einen Tag später konnte ich ihr melden, daß unsere vollerblühte Jungfrau auf den Baum geklettert war. Am folgenden Tag konnte ich Tilly zeigen, wie unsere vollerblühte Jungfrau im Sand spielte. Tags darauf spielte sie mit der Katze, und noch einen Tag später faßte sie mich beim Rockkragen (sie hatte so eine Technik entwickelt, an mir hinaufzuklettern und mich als Reittier zu benützen), stemmte den rechten Fuß gegen meinen Bauch, schwang den linken über meine rechte Schulter auf meine linke und zog dann den rechten Fuß nach, bis sie auf meinen Schultern saß.

Ich sagte Tilly: 'Schau her, unsere vollerblühte Jungfrau besteigt ihren Vater.'"

„Ich habe immer fest an ihn geglaubt ..."

Wie Oberths Frau zu den „Grübeleien" ihres Mannes stand, sagt sie selbst in einem späteren Schreiben an den in Huntsville verbliebenen Freund Dr. Ernst Stuhlinger: „Es gab viele Strapazen, Fortschritte, Lichtblicke, aber auch viele Enttäuschungen in unserem langen Leben. Ich mußte meinem Mann immer Mut machen, denn ich habe fest an seine Arbeit und sein Können geglaubt. Manchmal aber war ich auch sehr geärgert über sein Hobby, denn er vernachlässigte damit die Familie. Ich mußte mich um alles kümmern, die Kindererziehung lag ganz allein auf mir, und wenn ich nicht so gute Schwiegereltern gehabt hätte, die uns finanziell unterstützten, hätten wir ein elendes Erfinderdasein führen müssen ..."

Man muß nur die Mittel finden

Im Jahre 1928 beendete Hermann Oberth in Mediasch das Manuskript zu seinem Hauptwerk *Wege zur Raumschiffahrt*, das als die „Bibel der Astronautik" in die Geschichte der Weltraumtechnik eingehen sollte. Im letzten Satz finden sich die zuversichtlichen Worte: „Es ist aber auf der Welt nichts unmöglich, man muß nur die Mittel entdecken, mit denen es sich durchführen läßt."

Dr. Julius Oberth, seine Frau Valerie (geb. Krasser) und die beiden Söhne Hermann (sitzend) und Adolf

Hermann Oberth im Alter, wo er sich sein „Erfinderbüchlein" anlegte

*Der Abiturient Hermann Oberth
(rechts sitzend), sein Bruder Adolf (Mitte)
und sein Schulfreund Karl Römer
(Juni 1912)*

*Als Hermann Oberth
(stehend, ganz rechts) nach der
bestandenen Reifeprüfung sich am 25. Juni
1912 mit 18 Klassenkollegen vor der
Schäßburger Bergschule fotografieren
ließen, war er bereits zum Ergebnis gelangt:
der Flug in den Weltraum ist möglich,
das erforderliche Antriebsgerät
ist die Großrakete*

*Das Brautpaar Mathilda Hummel
und Hermann Oberth:
am 6. Juli 1918 heiratet Oberth die jüngste
von drei Waisenschwestern, deren
Großvater als Uhrmacher aus dem
Schwarzwald nach Siebenbürgen
gekommen war*

Im Juni 1972 kamen Hermann Oberth und seine Frau zum 60. Matura-Jubiläum nach Schäßburg; vor der Bergschule, die der Raumfahrtpionier zwölf Jahre lang besucht hatte, bereiteten ihm seine alten Landsleute einen bewegenden Empfang

*Die Familie Oberth in Mediasch
(etwa 1933): vorne (v.l.n.r.)
Tochter Ilse, Mutter Valerie Oberth,
Tochter Erna, Vater Dr. Julius Oberth,
Sohn Adolf; zweite Reihe:
Hermann Oberth, Frau Mathilda Oberth
und Sohn Julius*

Das Oberth'sche Familienhaus in der Hermannstädter Straße in Mediasch (heute Hermann-Oberth-Straße 5), in dem Oberth und seine Familie bis 1938 wohnten. Heute ist darin ein Hermann-Oberth-Museum eingerichtet, das seine Pionierleistung für die Nachwelt dokumentiert

Hermann Oberth und sein Meisterschüler Wernher von Braun bei einem Fernsehinterview nach der Verleihung der Ehrendoktorwürde durch die Technische Universität Berlin (1963). W. von Braun: „Wir waren immer nur die Klempner..."

*Hermann und seine Tochter Erna
in der Ehrentribüne von Cap Canaveral
beim Start zur Spacelab-Mission D1
(30. Oktober 1985) mit den
deutschen Forschungsastronauten
Dr. Reinhard Furrer und
Dr. Ernst Messerschmid*

Mit der weißen Kutsche wird Hermann Oberth im österreichischen Salzburg zur Residenz gefahren, wo am 25. Juni 1984 sein 90. Geburtstag gefeiert wurde (mit dabei Tochter Erna und Schwiegersohn Joseph Roth. Oberth: „Hoffentlich scheuen die Pferde nicht!"

Dr. Ulf Mehrbold, der erste bundesdeutsche Astronaut, überreicht Hermann Oberth ein Exemplar seines Buches Die Rakete zu den Planetenräumen, *das an Bord der amerikanischen Raumfähre Challanger zwischen dem 30. Oktober und 6. November 1985 die Erde 112mal im Weltraum umflogen hatte*

*Anläßlich der 95. Geburtstagsfeier,
zu der auch der rumänische Kosmonaut
Dorin D. Prunariu eingeladen war,
zeigte dieser Hermann Oberth einen
Artikel aus der rumänischen Presse,
den der betagte Raumfahrtpionier
aufmerksam durchliest*

Hermann Oberth und seine Gattin vor dem Denkmal Johannes Honterus im Hof der Schwarzen Kirche in Kronstadt: Bei seinem Besuch in Siebenbürgen im Juni 1972 erweist der Raumfahrtpionier dem anderen großen Siebenbürger Sachsen „seine Referenz"

Wo Hermann Oberth auftritt, sind auch Siebenbürger Sachsen meistens mit von der Partie: Hier 1984 in München anläßlich der Verleihung des Bayerischen Verdienstkreuzes durch Franz Josef Strauß

*Hermann Oberth und seine Tochter
Dr. Erna Roth-Oberth, die den Vater bis
zu seinem Tode am 28. Dezember 1989
liebevoll betreute*

*Hermann Oberth und der Herausgeber
(27. Juni 1989) im Gespräch mit dem nun
schon über 95jährigen Raumfahrtpionier,
dessen Gedächtnis aber trotz hohen Alters
nach wie vor wie eine „elektronische
Rechenmaschine" funktionierte
(die Videokamera führt der rumänische
Kosmonaut Dipl.- Ing. Dorin D. Prunariu)*

Im Stadtpark von Feucht wurde schon zu Lebzeiten Hermann Oberths dieses Denkmal errichtet. Es soll kommende Generationen an die Leistungen des großen Mitbürgers erinnern

III. BERLIN UND PEENEMÜNDE

Im Sommer 1928 ging Hermann Oberth für knappe zwei Jahre nach Berlin, wo er zunächst Fritz Lang bei dessen Dreharbeiten für den weltersten Raumfahrtfilm Frau im Mond als wissenschaftlicher Berater zur Seite stand. Hier unternahm er anschließend auch praktische Raketenversuche, die mit der Entdeckung eines neuen technisch-physikalischen Phänomens und der erfolgreichen Entwicklung seines ersten Raketenmotors endeten. Darauf kehrte Oberth nach Mediasch zurück, wo ihn acht Jahre später (1938) ein Ruf an die Technische Hochschule Wien erreichte. Über Wien und Dresden gelangte Oberth im September 1941 schließlich nach Peenemünde, zum „Deutschen Forschungs- und Entwicklungszentrum für Fernraketen". Als Oberth dort ankam, waren die Entwicklungen bereits abgeschlossen, die als Waffe gebaute V2-Rakete stand bereits auf dem Prüfstand. Oberth wurde mit belanglosen Dingen beschäftigt und wohl nur deshalb hierher geholt, um nicht von der Gegenseite „geschnappt" zu werden. Eine seiner bahnbrechenden Arbeiten stammt dennoch aus dieser Zeit: Die beste Teilung von Stufenaggregaten, die er in Peenemünde verfaßte, ermöglichte die optimale Stufenauslegung bei weltraumtüchtigen Groß-

raketen, was dann erst viele Jahre später in den USA und in Rußland zur Anwendung gelangen sollte.

Der Film ist mehr als ein Phantasiegebilde

Bei der Uraufführung des ersten Raumfahrtfilms *Die Frau im Mond*, bei dem Hermann Oberth Fritz Lang zur Seite gestanden hatte, wurde auch Oberth aufgefordert, einige Worte zu sagen. Er tat dies am 15. Oktober 1929: „Bei diesem Film habe ich als wissenschaftlicher Mitarbeiter gewirkt. Der Film ist mehr als ein bloßes Phantasiegebilde. Wir waren bestrebt, alles möglichst so darzustellen, wie es nach den Lehren der Wissenschaft in Wirklichkeit aussehen wird. Die Rakete, die Sie hier sehen werden, habe ich so durchkonstruiert, als ob man sie wirklich bauen und fliegen lassen sollte. Auch die Fahrtrouten sind genau durchgerechnet worden, die Mondlandschaften haben wir aufgrund der besten Mondkarten gebaut, und auch bei den Erlebnissen der Raumfahrt haben wir peinlichst auf wissenschaftliche Richtigkeit geachtet ..."

Und dann der Blick in die Zukunft: „Wir werden in wenigen Jahren die höchsten Luftschichten mit Raketen erforschen, wir werden einige Jahre später im Raketenflugzeug zu jedem Punkt der Erde in weniger als zwei Stunden gelangen, und ich glaube bestimmt, daß uns in 10-

20 Jahren Raketenraumschiffe zu fremden Weltkörpern tragen können ..." [In Wirklichkeit dauerte es dann aber doch noch 40 Jahre.]

Spannung und Begeisterung

Mit welchem Interesse und mit welcher Begeisterung Oberths Versuchsarbeiten in Berlin von der Öffentlichkeit verfolgt wurden, darüber berichtet Willy Ley, der erste „Raumfahrtreporter", in einem seiner späteren Beiträge: „Das Publikum sah dem Experiment mit einer Spannung und einer Hoffnungsfreude entgegen, die sogar jetzt, nach fast zwanzig Jahren, noch unglaublich erscheint. Wochenlang mußte ich täglich einen bis zwei Artikel schreiben, weil jede Zeitschrift und jede größere Zeitung sich verpflichtet fühlte, ihren Lesern die Sache möglichst ausführlich zu berichten. Vor lauter Wiederholungen wurde mir manchmal beim Diktieren der Mund trocken. Irgendwer brachte eine Ansichtskarte heraus, die die Stelle an der Ostseeküste (nahe dem Seebad Horst) zeigte, wo die Rakete abgefeuert werden sollte. Die Karte verkaufte sich, als sei sie eine Augenblicksaufnahme des eigentlichen Aufstiegs ..."

Unfall mit bivalenten Folgen

Bei Hermann Oberths Raketenversuchen in Berlin kam es schon nach den ersten Tagen zu einer heftigen Explosion. Die von ihm erschaffene „Flüssigkeitsbombe" hatte eine derartige Gewalt entwickelt, daß er wie ein Federball durch die Werkstatt geschleudert wurde. Mit geplatztem Trommelfell, verletztem Auge und einem Nervenschock kam Oberth aber noch glimpflich davon. In einem Augenzeugenbericht heißt es dazu: „Der schnell herbeigeholte Arzt verspricht, das rechte Auge zu retten. Er verschreibt Salbe, Tropfen und Tabletten und vor allem Ruhe. Aber der Professor aus Siebenbürgen, der ein paar Wochen lang schlecht sehen und hören kann, gönnt sich keine Ruhe. Das Trommelfell wächst langsam wieder zu, während Oberth noch eine Zeit lang befürchten muß, die Sehkraft des linken Auges zu verlieren." Etwas Positives hatte dieser Unfall allerdings auch bewirkt: Oberth entdeckte dabei ein neues technisch-physikalisches Phänomen, das er die „Selbstzerreißung brennender Tröpfchen" nannte. Es sollte die Entwicklung von raumfahrttüchtigen Großraketen um einen Riesenschritt voranbringen.

„Machen Sie nur so weiter, junger Mann!"

Im Jahre 1927 schrieb der angehende Student Wernher von Braun, nachdem er das bahnbrechende Buch *Die Rakete zu den Planetenräumen* gelesen hatte, an den Mediascher Gymnasiallehrer in einem Brief: „Ich weiß, daß Sie an die Zukunft der Rakete glauben. Das tue ich auch, und daher erlaube ich mir, Ihnen als Anlage eine kleine Untersuchung vorzulegen, die ich gemacht habe ..." Oberth sieht die Arbeit durch und antwortet dann nach Berlin zurück: „Machen Sie nur so weiter, junger Mann! Wenn Sie das Interesse beibehalten, kann aus Ihnen etwas werden."

Erster Job für Wernher von Braun

Als Hermann Oberth Anfang 1930 in Berlin Reinickendorf an seiner Versuchrakete arbeitete, wurden ihm zwei praktizierende Studenten vorgestellt, die gekommen waren, um ihm in der Werkstattarbeit zu helfen. Einer von ihnen hieß Wernher von Braun. „Mein erster Job bei Hermann Oberth bestand darin", erinnert sich später von Braun, „daß ich ihm bei einer Ausstellung über interplanetare Raketen in einem Berliner Warenhaus half. Acht Stunden am Tag hielt ich mich an dem dortigen Stand auf und erzählte den einkaufenden Hausfrauen, eine interplanetare Rakete würde 7.000 Mark kosten, und man brauche ein Jahr für ihren Bau." Im Rückblick auf diese Aufgabe beteuerte der inzwischen weltberühmt gewordene Raketenkonstrukteur: „Dieser erste Oberthsche Ansatz sollte meinen späteren Lebensweg nachhaltig beeinflußen. Er zeigte mir, daß die Lösung der Finanzierungsfragen nicht geringfügiger ist als die Entwicklungsarbeit selbst."

Der Schüler über seinen Lehrer

Auch in Berlin machten sich viele Menschen über die visionären Ideen Oberths lustig. Dazu Stellung nehmend, bekennt Wernher von Braun: „Ich schätze mich glücklich, unter den wenigen gewesen zu sein, die der Ansicht waren, daß Professor Oberths Ideen verteufelt plausibel geklungen haben ... Was er in seinem Buch aus dem Jahre 1923 im wesentlichen zu beweisen versuchte, waren vier Dinge, die weit über das Begriffsvermögen der Leute jener Zeit gingen. Diese waren: daß man eine Maschine bauen kann, die über unsere Atmosphäre hinaus hochsteigt; daß der Mensch die Schwerkraft der Erde verlassen kann; daß der Mensch den Flug in einem Raumschiff zu überleben vermag und daß die Erforschung des Weltraums gewinnbringend sein kann. Die ersten drei sind zweifellos bewiesen worden, und ich glaube, das vierte wird jetzt bewiesen ..."

Nichts sagen, meine Herren!

Am 23. Juli 1930 kam der große Tag: Die „Kegeldüse", der kleine Raketenmotor, den Hermann Oberth in Berlin entwickelt und gebaut hatte, funktionierte einwandfrei, und Dr. Ritter vom zuständigen Reichsamt stellte ihm ein Gutachten aus, in dem dies amtlich bestätigt wurde. Während der Prüfer auf dem Papier nachrechnete, reichte Professor Oberth an seine Assistenten einen Zettel rundum, auf dem acht kurze Wörter geschrieben standen. Im Juni 1984, auf dem Raumfahrtkongreß der „Hermann-Oberth-Gesellschaft" in Salzburg, der dem 90. Geburtstag des Raumfahrtpioniers gewidmet war, fragte Rolf Engel, neben Wernher von Braun der zweite TH-Student, der ihm bei seinen Versuchsarbeiten von 1929/30 in Berlin geholfen hatte, Hermann Oberth: „Herr Professor, soll ich Ihnen sagen, was damals auf dem Zettel stand, den Sie uns zuschoben?" Darauf Professor Oberth: „Das weiß ich doch viel besser als Sie: 'Nichts sagen, er verrechnet sich zu unseren Gunsten!'" Engel traute seinen Ohren nicht und beendete seinen Kommentar über das Gehörte jedesmal mit den Worten: „Und das noch nach genau 64 Jahren"

Beim Patentprüfer

Der Patentprüfer des Berliner Patentamts, ein Herr namens Wurm, versuchte Oberth davon zu überzeugen, daß seine Vorlage, wie geschrieben, nicht patentfähig sei, was Oberth natürlich bestritt. Schließlich sagte Wurm verzweifelt: „Aber glauben Sie mir doch, junger Herr, ich bin schließlich mehr als doppelt so alt wie Sie!" Darauf die Erwiderung Oberths: „Die Papageien im Zoo sind noch viel älter, und ich befolge auch nicht das, was sie sagen."

Erinnerungen an einen epochalen Tag

An diesen Tag mit dem Erfolg der „Kegeldüse" erinnerten sich die Beteiligten oft und gerne. Bei Hermann Oberth hieß es dazu beispielsweise: „Es war die erste Nacht, die ich nach Monaten wieder durchschlief. Ich wußte nun, daß es geht!" Wernher von Braun schrieb in seinen Erinnerungen: „Oberths Versuche, die zur Entwicklung der 'Kegeldüse' führten, waren ein weiterer Vorstoß in Neuland. Sie bildeten den Ausgangspunkt für die praktische Raketenentwicklung in Deutschland, von der eine gerade Linie zu den Großraketen, Raumschiffen, Satelliten und Raumstationen unserer Tage führt ... So rudimentär jene Versuche uns heute erscheinen mögen: Sie waren ebenso wesentlich für den Erfolg der Großraketentechnik wie die Versuche Otto Lilienthals, Weißkopfs, oder der Gebrüder Wright für die moderne Luftfahrt ..." Und Willy Ley, ein weiterer „Mann der ersten Stunde", schrieb in seiner *Geschichte der Raumfahrt*: „Oktober 1942 erreichte die erste A4-Rakete den Weltraum - 60 Meilen hoch. Aber es war nicht der Beginn des Raumzeitalters und auch nicht der später gestarteten Sputnik. Der Anfang liegt weiter zurück - hundert Monate vor 1933 und vor Hitler - als die Männer um Hermann Oberth tätig wurden. Für mich bedeuten jene Jahre den wahren Beginn des Raumzeitalters."

„So eine Gemeinheit!"

Von der deutschen Filmgesellschaft UFA waren Oberth 10.000 Mark für den Bau einer „wirklichen Rakete" bereitgestellt worden. Doch das ging nicht so schnell, wie man sich das für die Werbung vorgestellt hatte. Als sich der Film dann auch ohne die Rakete ausgezeichnet verkaufte, ließ man Oberth finanziell einfach auf die Nase fallen. Ein Leben lang hat ihn dieser Vorfall verbittert: „Mein Glück war, daß es zu der Zeit einfach unmöglich war, von Siebenbürgen nach Deutschland Geld zu überweisen, sonst hätte ich bezahlen müssen. So eine Gemeinheit! Man verdient Millionen und will einen armen Mittelschullehrer, der in Rumänien keine 200 Mark verdient, zum Zahlen zwingen."

Auch Wernher von Braun, der zu den Augenzeugen dieser Ungeheuerlichkeit zählte, berichtet darüber in einem seiner Bücher: „Oberth befriedigte einen Teil der Gläubiger, indem er seine eigenen knappen Mittel zuschoß und einen mit 10.000 Franc dotierten Preis, den er für sein neues Buch erhalten hatte, zur Verfügung stellte. Schließlich kehrte er angewidert und mittellos in seine rumänische Heimat zurück."

Arm, wie er ausgezogen war ...

Über die seelische Verfassung, in der Hermann Oberth nach Mediasch zurückkehrte, berichtet sein damaliger Rektor, Dr. Otto Folberth, in einem Aufsatz im „Klingsor": „Oberth, den ich nie hoffnungslos gesehen hatte, befand sich damals noch im Zustand einer wachsenden Verbitterung. Arm, wie er vor anderthalb Jahren ausgezogen war, kehrte er zu uns zurück. Reicher geworden nur an Erfahrungen und Enttäuschungen. Trotzdem sitzt er nicht hinter dem Herd und pfeift ein Lied nach der Melodie 'Und der Weltruhm - ist ein Wiesenblum', denn er hat nach Ruhm überhaupt nie gestrebt ... Er weiß, die widerlichen Hindernisse, die sich vorläufig noch ihrer Verwirklichung in den Weg stellen, sind ausschließlich solcher Natur, daß sie ein günstiger Windstoß des Schicksals jeden Augenblick in sich zusammensinken lassen kann ..."

„Wir können Sie nicht mehr herauslassen"

1938 wurde Oberth nach Deutschland geholt, jedoch nicht nach Peenemünde zugelassen, wo die Entwicklung der ersten Großrakete schon auf Hochtouren lief. Offensichtlich ging es den deutschen Stellen nur darum, ihn nicht in „andere Hände" gelangen zu lassen. Zuerst arbeitete Oberth an der TH Wien und dann an der TH Dresden und zwar - wie berichtet - an belanglosen Dingen, so daß er sich alsbald „auf das tote Gleis abgeschoben" fühlte. „Ich erklärte daher Prof. Dr. Beck, dem Chef des Instituts für Kraftfahrtwesen an der TH Dresden, dem auch mein Büro unterstellt war", schreibt Oberth später an den Raumfahrthistoriker Willy Ley, „daß ich diese Art von Tätigkeit satt habe und mich wieder nach Siebenbürgen zurückbegeben möchte. Antwort: 'Wir können Sie nicht mehr aus dem Reich herauslassen, solange Sie nicht deutscher Staatsbürger sind, denn Sie wissen trotz aller Geheimhaltungsmaßnahmen doch bereits zuviel, und wir hätten gar keine Handhabe gegen Sie, wenn Sie draußen etwas ausplaudern wollten. Sie haben nur die Wahl, deutscher Staatsbürger zu werden oder ins KZ zu wandern.' Ich zog es vor, die deutsche Staatsbürgerschaft anzunehmen ..."

Zwei Hindernisse

Als Oberth am 1. September 1941 in Peenemünde antrat, war die A4-Rakete (den Namen V2, Vergeltungswaffe 2, bekam sie erst durch den Propagandaminister Goebbels) bereits entwickelt. Er fand moderne Werkhallen, Prüfstände, Labors, den leistungsfähigsten Windkanal der Welt sowie alle denkbaren Einrichtungen vor. Rund 7.000 Wissenschaftler und Techniker arbeiteten allein in Peenemünde; die Startversuche standen kurz bevor. Am Bahnhof von Zinnowitz wurde Oberth von Wernher von Braun persönlich empfangen. Als sie in den Wagen gestiegen und Richtung Karlshagen losfuhren, wo die Wohnsiedlung der Wissenschaftler stand, beichtete Dr. von Braun: „Zwei Hindernisse haben es uns bisher unmöglich gemacht, Sie nach Peenemünde zu holen, Herr Professor. Einmal die Sache mit der Staatsbürgerschaft, deretwegen die Gestapo Schwierigkeiten machte, zum andern ein für Sie ehrenvoller Grund: Sie sind auch im Ausland sehr bekannt, und wir mußten fürchten, daß Ihre Anwesenheit dem feindlichen Spionagedienst verraten würde, was wir in Peenemünde treiben."

Das gestohlene Lebensmittelpaket

Während Oberth in Peenemünde arbeitete, gab es dort mehrere Fliegerangriffe. Einmal hatte er ein Lebensmittelpaket, welches er tags zuvor von zu Hause erhalten hatte, mit in den Luftschutzkeller genommen. Im großen Gedränge kam ihm dieses Paket abhanden, und bei der Entwarnung fand er es nicht mehr. Er hatte wenig Hoffnung, daß dieses Paket bei der auch in Peenemünde herrschenden Hungersnot freiwillig zurückgegeben werden würde und brachte deswegen an das Schwarze Brett folgenden Anschlag an: „Der Besitzer meines Lebensmittelpakets wird ersucht, dieses an mich zurückzugeben; denn die darin enthaltenen Lebensmittel sind vergiftet, und nur ich kann diese Lebensmittel ohne Gesundheitsgefährdung essen, weil ich das Gegengift hierzu besitze. Sollte der Besitzer meines Pakets bereits von den Lebensmitteln gegessen haben, so mache ich ihn darauf aufmerksam, daß die Vergiftungserscheinungen, wie leichte Kopfschmerzen, Schwindelgefühl, leichte Magenbeschwerden usw. von mir in kürzester Zeit kuriert werden können. Ich bitte deswegen den Besitzer des Pakets, sich sofort bei mir zu melden!"

Oberth bekam das Paket freilich nicht mehr. Am nächsten Tag stand jedoch unter seinem Anschlag: „Ich kann mich leider nicht melden; denn ich bin schon im Himmel. Der Besitzer." Oberth erkannte die Handschrift der Sekretärin Wernher von Brauns, die er verdächtigt hatte.

So aß man sich noch einmal satt

Frau Dorette Schlidt, ehemalige Peenemünderin, heute in Huntsville lebend, erinnert sich an folgende Begebenheit: „Es war in Peenemünde. Ich arbeitete von 1941 bis 1944 bei Dr. Wernher von Braun. So war Professor Oberth bei uns im Büro kein unbekanntes Gesicht. Zu uns Mädchen war er weder nett noch aufmerksam - er hat uns überhaupt nicht gesehen. Er war immer in tiefen Gedanken, und meist ging er allein. Mit Rucksack auf dem Rücken. Es hieß, er sammle Pilze und Wurzeln im Wald und würde sich abends im Haus 30, wo er wohnte, kochen. Mittags zum Essen ging er oft ins Offiziers-Kasino. Er kam erst immer, wenn die anderen Herren fast fertig waren und setzte sich an den letzten Tisch, der noch frei war und aß allein. Ich habe ihn oft beobachtet und dachte mir, was für ein kauziger Mann mit einem so großen Geist.

Eines Tages passierte folgendes: Die hübsche Kellnerin fiel mit dem mit Essen und Tellern schwerbeladenen Tablett hin. Ein großer Krach, Scherben und Essen auf dem Boden. Danach Totenstille. Professor Oberth erhob sich und mit langsamen Schritten steuerte er ganz gezielt mit seinem Teller in der Hand an die Stelle, wo das ganze Essen am Boden lag. Er kniete sich nieder und schaufelte sich den Teller voll, so daß er endlich einmal satt wurde. Er dachte sich überhaupt nichts dabei. Das sprach einmal dafür, daß wir in den letzten Kriegsjahren und besonders die Männer immer hungrig waren und zweitens für Professor Oberth, der, obwohl ein Genie, ein Sonderling war."

Wer war wohl der größere?

Oberth ist oft gefragt worden, wen er nun eigentlich für den größeren halte: den Wissenschaftler Hermann Oberth oder den Konstrukteur Wernher von Braun? In einem Vortrag vor siebenbürgischen Landsleuten antwortete Oberth darauf durch ein Beispiel: „Wenn ein Junge zu seinem Vater kommt und sagt: 'Vati, schau, hier bringe ich dir eine Latte, eine Säge, einen Hammer, einen Bohrer, vier Nägel und einen runden Stab. Du sollst erst von der Latte ein Stück absägen, dann sollst du von der Stange vier Scheiben abschneiden, dann sollst du diese in der Mitte durchbohren und die Nägel durch die Bohrlöcher stecken und an das Lattenstück annageln.' Wer ist nun der Schöpfer dieses Spielautos? Der Erfinder oder der Ausführer? Ich glaube, beide haben den gleichen Anteil daran."

Dies spricht zwar für Oberths Bescheidenheit, deckt sich aber gar nicht mit dem Urteil seines Meisterschülers. Als Hermann Oberth und Wernher von Braun im Jahre 1963 beide in einem gemeinsamen Festakt die akademische Würde eines „Dr. Ing. Ehrenhalber" der TU Berlin erhielten, wurde von Braun in einem

Fernsehinterview die gleiche Frage gestellt. Seine spontane Antwort lautete: „Wir waren immer nur die Klempner. Hermann Oberth war derjenige Schöpfer, der uns allen zwanzig Jahre vorauseilte. Hermann Oberth ist uns allen um ganze zwanzig Jahre überlegen."

Die Rakete ist nur Mittel zum Zweck

„Oberth betrachtete die Rakete nur als Mittel zum Zweck", schreibt der bekannte norwegisch-amerikanische Raumfahrthistoriker Erik Bergaust. „Für ihn war sie nichts als eine Antriebsmöglichkeit, um den Menschen in den Weltraum zu verhelfen." Das habe sich bereits in Peenemünde gezeigt. Bergaust belegt seine Behauptung mit einer Anekdote, die ihm, wie dem Herausgeber, von Dr. Ernst Stuhlinger überliefert wurde: „Es war zu Beginn des Jahres 1943. Wir starteten versuchsweise eine der ersten V2-Raketen, und da damals die Raketenabschußtechnik in den Kinderschuhen steckte, gab es auch keine Sicherheitsvorkehrungen, die uns vom Abschußgelände ferngehalten hätten. Jedesmal, wenn eine Rakete hochstieg, standen wir knapp hundert Meter vom Starttisch entfernt unter ein paar Kiefern und waren überglücklich, den Staub und Sand, ja sogar einen winzigen Hauch von der heißen Stichflamme auf unseren Gesichtern zu spüren. An diesem

Tag stieg die Rakete tadellos hoch, und wir verfolgten sie mit den Augen, bis sie am tiefblauen Himmel über der Ostsee verschwunden war.

Als ich meine Augen wieder senkte, sah ich Oberths Gesicht ganz in meiner Nähe. Ich war ihm noch nie persönlich begegnet, erkannte ihn aber nach Fotos sofort. Er starrte auf einen entfernten Punkt irgendwo am Himmel, der absolut nicht in der Richtung lag, in der gerade die große Rakete verschwunden war. Ich war natürlich hochbeglückt, so dicht neben einem so außergewöhnlichen Mann zu stehen und vielleicht sogar etwas aufschnappen zu können von dem, was er sagte. Doch er schien nicht reden zu wollen. Nach langem Schweigen meinte ich schließlich: 'Es muß doch höchst befriedigend für Sie sein, Herr Professor, zu erleben, wie schön sich Ihre frühen Träume und Vorstellungen von Großraketen verwirklicht haben.' Oberth gab keine Antwort, und seine Gesichtszüge änderten sich auch nicht. Ich war überzeugt, etwas sehr Dummes gesagt zu haben, wenn nicht sogar etwas Verletzendes. Es dauerte eine Weile, dann wandte er langsam den Kopf und drehte sich um, bis seine Augen in die entgegengesetzte Richtung blickten. Abermals eine lange Pause. Dann begann er zu sprechen und wählte seine Worte langsam und bedächtig, wie es nur philosophisch veranlagte Menschen tun. 'Ich habe die größte Hochachtung vor den Ingenieuren und Technikern, die diese Rakete gebaut haben.

Aber genaugenommen bedeutet sie nicht viel. Wir wußten schon lange, daß eine Rakete innerhalb und außerhalb der Atmosphäre funktionsfähig ist. Diese Rakete ist nur ein erster kleiner Schritt auf ein viel größeres Vorhaben zu: Die Eroberung des Weltraums. Da draußen gibt es noch so viele Dinge, von denen wir nichts wissen und die sich vielleicht unserer Vorstellungskraft völlig entziehen. Erst ihre Erkundung ist von Bedeutung. Wir dürfen dieses Ziel vor lauter Begeisterung über einen rein technischen Erfolg nicht aus den Augen verlieren!' sagte er damals."

Die Flucht ins Land

Bevor die russischen Truppen die Elbe überschritten und danach auch Weinsberg erreichen sollten, wo Oberth ab Mitte 1943 bei der Firma Wasag die Feststoffrakete entwickeln sollte, ermahnte ihn sein Assistent Jupp Gerhards, daß man sich jetzt, um das Schlimmste zu vermeiden, dringend absetzen müsse. Doch Oberth wollte sich ordnungsgemäß beim befehlshabenden General abmelden. Gerhards warnte: „Die werden uns standrechtlich erschießen!" Oberth tat es trotzdem. Das sei Flucht aus dem Land, drohte der General. Oberth korrigierte: „Nein, ins Land, Herr General!" Damit hatte er ihn weich gemacht.

IV. DIE SCHWEREN NACHKRIEGSJAHRE

Nach Kriegsende kam Oberth zu seiner Familie nach Feucht bei Nürnberg, wo man - mit finanzieller Unterstützung durch den in Mediasch verbliebenen Vater - 1943 ein stattliches Anwesen gekauft hatte. Alle Bemühungen, als Fachlehrer oder gar als Forscher eine Stelle in Deutschland zu finden, verliefen über Jahre hinweg ergebnislos. So versuchte Oberth sein Glück im Ausland: Von 1948 an arbeitete er eine Zeitlang als Berater in der Schweiz, und 1950 übernahm er einen Auftrag der italienischen Marine, der ihn und seine Familie für fast drei Jahre lang nach La Spezia führte. Von dort kehrte Oberth 1953 wieder nach Feucht zurück; zwischenzeitlich waren die Verhandlungen im Hinblick auf eine Verpflichtung in den USA angelaufen. Diese sollten jedoch noch über mehr als zwei Jahre andauern, so daß Hermann Oberth Zeit und Muße fand, ein neues Raumfahrtbuch zu schreiben. Es erschien 1954 unter dem Titel Menschen im Weltraum *und sollte das meist übersetzte Oberth-Buch werden. Weitere Arbeiten publizierte er in in- und ausländischen Fachpublikationen. Oberth wurde in dieser Zeit zu internationalen Fachkongressen eingeladen und erhielt weltweite Ehrungen.*

Das erste Nachkriegsprojekt

In Paris und dann in Kransberg, wo Oberth inhaftiert wurde, entwarf er eine „Postrakete" für zivile Anwendungen. Gerhards half ihm bei der Anfertigung der Zeichnungen. Es war das Projekt eines Raumgleiters mit zwei lateralen Feststoff-Boostern, der im Gleitflug bis zu 11.500 km erreichen sollte. Um damit nicht aufzufallen, wurde dem Entwurf der Tarnname „Rührwerk für Marmelade und Kunsthonig" gegeben.

Von einer besonderen Gabe Gebrauch gemacht

Oberth wurde oft gefragt, wieso denn gerade er, ein so weitbekannter Wissenschaftler, so unverhofft schnell von den Amerikanern entlassen worden sei. Seine Erklärung: „Ich hatte von meiner Gabe, mich blöd stellen zu können, reichlich Gebrauch gemacht, so daß die meinen konnten: Mit diesem Narren ist sowieso nichts anzufangen".

Tröstende Worte aus Paris

Oberth und seine Familie hatten es in den Nachkriegsjahren nicht leicht. Vor allem Eugen Sänger, der große deutsche Raumfahrtpionier aus zweiter Generation, versuchte den brotlosen

Gelehrten in Feucht bei Nürnberg immer wieder zu trösten: „Es ist lieb und gut von Ihnen", heißt es in Oberths Brief vom 29. Juli 1949, „daß Sie mich damit trösten wollen, daß Goethe keine Bühne geleitet, Nietzsche (sagen wir: 'Gott sei Dank!', denn dort wären zuletzt überhaupt nur Spitzbuben übrig geblieben) keinen Staat gegründet hat und daß List nicht Finanzminister war. Ich kann jedoch daraus nicht den Schluß ziehen, daß das so sein müsse, denn zum Beispiel war Shakespeare auch selbst Schauspieler, Haydn war Musiker und Kapellmeister, J. S. Bach war auch Organist. Und gerade in meinem Fach halte ich praktische Arbeit für sehr wichtig, wenn man nicht in geistiger Hinsicht den Boden unter den Füßen verlieren soll ..."

Kultur hört nicht an Landesgrenzen auf

In einer Botschaft an den Pariser Raumfahrtkongreß begrüßte Oberth die Gründung einer internationalen Dachorganisation der Raumfahrtwissenschaftler mit den Worten: „Eintracht läßt kleine Dinge wachsen, Zwietracht zerstört Großes. Nirgends gilt dieses Wort so sehr wie bei Kultur und Forschung. Besonders die Wissenschaft leidet unter Zersplitterung und Geheimhaltung: kulturfördernde Forschung verlangt ein breites Fundament des Friedens ... Aber auch dann wäre schon viel gewonnen, wenn wir nur zusammen kommen, um unsere Gedanken und Erfahrungen auszutauschen, und wenn wir Europäer wiedererkennen, daß Kultur nicht an den Landesgrenzen aufhört, sondern daß auch jenseits dieser Grenzen Menschen leben, die die gleichen Ideale haben und die es wert sind, daß man ihnen die Hand reicht."

„Weil ich nicht der Sohn eines deutschen Professors bin"

In den Nachkriegsjahren hatte sich Otto Folberth bei der Heidelberger Universität dafür verwendet, Hermann Oberth den Titel eines Dr. h. c. zu verleihen. Auf diese Weise könnte die Universität ihren Fehler von 1922, als sie Oberths Doktorarbeit *Die Rakete zu den Planetenräumen* abgewiesen hatte, wiedergutmachen. Dem Ansuchen Folberths wurde nicht stattgegeben. Auf diese Mitteilung Folberths antwortete Oberth im November 1957: „Besten Dank für die Lanze, die Du für mich gebrochen hast! Nun, ich nehme die Ablehnung, mit der mir die deutsche Gelehrtenwelt begegnet, nicht weiter tragisch. Erstens geht es mir hinsichtlich der Ehre so ähnlich wie einem Unmusikalischen im Konzert. Er weiß nicht, was die anderen dabei finden. Inzwischen habe ich ja im Laufe eines langen Lebens gelernt: 1. Daß nicht alle Leute so sind, und daß man, wenn man's nicht fühlt, wenigstens lernen muß, ihnen nicht auf ihre moralischen Schwänze und Hühneraugen zu treten, und 2. daß die Ehre wenigstens als Mittel zum Zweck sehr wichtig ist, denn je mehr einer vorstellt, desto eher kann er etwas erreichen. Aber auch wenn ich der eitelste Mensch der Welt wäre, könnte ich mich über diesen Mißerfolg trösten, der ja hauptsächlich darauf zurückgehen dürfte, daß ich weder Sohn noch der Schwiegersohn eines deutschen Professors bin ..."

Über Deutschland

Anläßlich eines Vortrages vor Mitgliedern des „Vereins für Weltraumforschung" antwortete Oberth auf die Frage, ob seine Ideen in Deutschland die notwendige Akzeptanz und Förderung erfahren hätten, folgendermaßen: „Den Professorentitel haben mir die Rumänen verliehen. Die erste Auszeichnung für meine Raumfahrtarbeiten bekam ich von den Franzosen (REP-Hirsch-Preis 1929). Bekannt gemacht haben mich Juden. Am meisten interessiert an meinen Arbeiten waren die Russen. Daß ich nach Deutschland kam, verdanke ich einer Jüdin. Und Deutschland hat mir nur Schwierigkeiten bereitet."

[Oberths Verbitterung über seine Behandlung hatte zahlreiche Gründe: Der Doktortitel für seine bahnbrechende Arbeit *Die Rakete zu den Planetenräumen* wurde ihm verweigert; die deutschen Gelehrten lehnten ihn ab und lieferten negative Gutachten (siehe Professor Franke); die UFA ließ ihn finanziell auf die Nase fallen, und sein Assistent bei den Berliner Raketenversuchen eignete sich Oberthsche Erfindungen an; zu den praktischen Raketenentwicklungen in Deutschland wurde er - weil kein „echter Deutscher" - nicht herangezogen, sondern bloß auf „verlorenem Posten" beschäftigt; nach dem Krieg gab es für ihn in Deutschland keine Beschäftigung usw. Erst nachdem er weltberühmt wurde, lobten sich dann auch die Deutschen mit ihrem großen Raumfahrtpionier.]

Schämen ist leichter als Hebräisch lernen

Bei einem französischen Fachkollegen entschuldigt sich Oberth, weil er sein Antwortschreiben nicht auf Französisch verfassen könne: „Ich hatte mir schon in Straßburg vorgenommen, als ich auf der Weltuniversität den Kurs hielt, nun endlich auch Französisch zu lernen. Es kam mir aber immer wieder eine unaufschiebbare Sache dazwischen, so daß mir dazu keine Zeit blieb, und ich mußte es machen, wie jener Jude, der auf den Vorwurf, 'Du solltest dich schämen, lebst jetzt schon vier Jahre in Tel Aviv und kannst immer noch nicht Hebräisch!' antwortete: 'Ich schäme mich auch, aber weißt du, schämen ist leichter als Hebräisch lernen!'"

Wie man sich unliebsame Dinge vom Hals halten kann

„Wer an Raketen arbeitete und nach Deutschland kam, besuchte Hermann Oberth", heißt es in einem Bericht des Raumfahrtpublizisten Heinz Gartmann. „Verleger, Redakteure, Journalisten gaben sich die Klinke in die Hand. Der Strom riß nicht ab. Mancher kam, nur weil er wissen wollte, wie der Mann aussieht, dessen Wirken und Werk die Geschichte der Technik und vielleicht die künftige Geschichte unserer Welt so stark beeinflußt hat. So kam Oberth kaum noch dazu, in Ruhe und Gelassenheit schöpferische Arbeit zu leisten. Da blitzte es ihm eines Tages, wie man das Zweckmäßige mit dem Nützlichen verbinden könne: Er klebte einen Zettel an seine Haustür, mit dem er bekanntgab, daß eine Sprechstunde bei ihm 10,- DM koste. Die Wirkung dieser Vorkehrung beschrieb Oberth dann so: „Seither habe ich mehr Ruhe, da mich die Reporter von kleinen Käseblättchen und durchtippelnde Pennäler usw. ungeschoren lassen. (Und nebenbei habe ich schon 150,- DM verdient.) Es tut mir nur leid, daß ich das nicht gleich zu Anfang getan habe."

Antworten vor dem Lügendetektor

„Seit zwei Jahren laufen in Amerika Bestrebungen, mich hinüberzubringen", berichtet Oberth im März 1954 seinem Brieffreund Eugen Sänger. „Es scheinen aber allerlei Widerstände da zu sein. Vorigen Freitag war ich in Stuttgart und habe vor dem Lügendetektor einige Fragen über meine politische Einstellung etc. beantwortet ... Der Doktor, der den Polygraphen bediente, fragte mich nachher, was ich davon für eine Meinung bekommen hätte. Ich antwortete, ich würde es begrüßen, wenn man auch die Politiker, Börsianer und Pfaffen hinbringen würde. Er sagte nur lächelnd: 'You are right, but you must not say that!' (Sie haben wohl recht, aber so was darf man nicht laut sagen)."

V. DIE JAHRE IN HUNTSVILLE/USA

Erst 1955 gelang es Wernher von Braun schließlich, seinen Mentor und Lehrer in die USA zu holen. Beim „Redstone Arsenal" in Huntsville, dem späteren NASA-Entwicklungszentrum für Weltraumraketen, wurde für Hermann Oberth, dessen Aufgabe es war, Vorschläge und Pläne für die Zukunft zu entwerfen, ein spezielles Büro eingerichtet. So trägt auch seine erste Arbeit den Titel Die Entwicklung der Raketentechnik *in den nächsten zehn Jahren (1956). Im darauffolgenden Jahr untersuchte er die Möglichkeit des Mondfluges. In diese Zeit fällt - 1957 - auch der große „Sputnik-Schock" der Amerikaner, die sich von den Russen überholt sehen. Oberth ist mit von der Partie, als Wernher von Braun und sein Peenemünder Team mit dem Start des ersten amerikanischen Erdsatelliten „Explorer I" danach in relativ kurzer Zeit gleichziehen. Nach knapp fünf Jahren kehrte Oberth nach Deutschland zurück - zum einen, um die Rente, die ihm als Vertriebener zustand, nicht zu verpassen, zum anderen, weil er sich nach Ruhe und Muße für seine schöpferische Tätigkeit sehnte, die er in einem so hektischen und anspannenden Betrieb wie jener in den USA es war, nicht hätte finden können.*

„Auch wenn Sie nur Rosen züchten und Bienen pflegen ..."

Nachdem Oberth aufgefordert worden war, sich dem Raketenteam Wernher von Brauns in den USA anzuschließen, befürchtete er zunächst, erneut wie in Peenemünde in eine „Monsterbürokratie" hineinzugeraten, wo „schöpferische Arbeit kaum noch möglich sei". Auf Ansuchen von Dr. von Braun versuchte nun Eugen Sänger, in den Oberth volles Vertrauen hatte, „Schützenhilfe" zu leisten. In Sängers Brief vom 14. April 1952 heißt es dazu: „Sie haben es nicht nötig, wenn Sie dort arbeiten, sich mit technischen Einzelheiten, mit Verwaltungskram oder mit Befehlsgewalten zu verbrauchen. Ihre Anwesenheit macht Sie im stillsten Kämmerchen zum Vater der Dinge, auch wenn Sie nur Rosen züchteten, die Bienen pflegten und selten ein sparsames Gespräch mit ihren Schülern führten, und diese selbstverständliche Wahrheit wächst mindestens mit dem Quadrat des Abstandes von Alabama, oder wie der Fleck heißen mag, im Empfinden aller Menschen ..."

Die Ankunft in Huntsville

Die amerikanische Presse war neugierig, warum nun auch Oberth in die USA geholt werden würde. Immer wieder mußte Wernher von Braun Frage und Antwort stehen. „Mein verehrter Mentor und Lehrer Professor Hermann Oberth", erklärte er im Zusammenhang mit dessen Tätigkeit in Berlin und Peenemünde, „ist ein Mann, dessen Qualität und Einfallsreichtum die Geschichte der Technik geprägt haben, ein Mann, dessen Denken all unsere Entscheidungen lösen half und ohne den heute mit Sicherheit keine Langstreckenraketen existierten ... Dieser Mann ist in einem das freie Denken lähmenden, nur auf raschen Erfolg eingestellten Entwicklungsprojekt der Kriegsjahre geopfert worden. Ich erachte es als meine Pflicht und sehe es als ein Privileg an, ihn um Vergebung zu bitten für die Enttäuschungen, die er in Peenemünde erleben mußte."

„Abgesehen von diesen persönlichen Motiven", schreibt Erik Bergaust, „wußte von Braun auch, daß Oberth als Mathematiker, Theoretiker und besonders als unglaublich kreativer 'Ideengeber' auf jede erdenkliche Weise einem amerikanischen Raumfahrt- und Raketenprogramm wertvolle Impulse geben konnte. Und dann war noch der psychologische Effekt: den 'Vater der Raumfahrt' in der Mannschaft der USA zu haben, bedeutete eine stolze Feder am Hut aller, die in Amerika mit Raketen zu tun hatten."

Was kostet eine Fahrt zum Mond?

Kurz nachdem Oberth in Huntsville angekommen war, wurde er von Reportern der Nachrichtenagentur United Press interviewt. Weil Oberth noch nicht gut Englisch sprach, übernahm Dr. Ernst Stuhlinger, sein Vorgesetzter am „Redstone Arsenal", die Rolle des Dolmetschers. Der Journalist, der wissen wollte, wie teuer denn ein bemannter Flug zum Mond und zurück sein würde, fragte: „Was würde denn die Fahrt zum Mond und zurück kosten?" Oberth, durch die unklare Formulierung der Frage etwas verwirrt, antwortete schließlich mit einer Gegenfrage: „Meinen Sie den Preis der Fahrkarte?" Worauf alle in lautstarkes Gelächter ausbrachen, und auch der Reporter gab sich geschlagen.

90 Prozent der Zeit zum Denken

Ein paar Monate, nachdem Professor Oberth im „Redstone Arsenal" angetreten war, kam auch zu ihm der in Amerika unvermeidliche Arbeitszeitnormer, der - wie in anderen Fällen auch - ermitteln sollte, ob der Raumfahrtpionier seine Dienststunden auch sinnvoll nutze. Er wollte wissen, wieviel Prozent der Arbeitszeit er seinen verschiedenen Tätigkeiten widme. Oberth dachte gründlich über die Frage des überheblichen Mannes nach und gab dann freundlich, aber ernst gemeint die Antwort: „Gewöhnlich verbringe ich 90 Prozent meiner Zeit mit Nachdenken, den Rest brauche ich für das Ausfüllen von nichtsbringenden Formularen für Leute wie Sie."

Dumme Antwort auf eine dumme Frage

In Huntsville war es auch üblich, daß ein Offizier von Zeit zu Zeit die Büros der Wissenschaftler kontrollierte. Oberth saß an einem völlig leeren Schreibtisch, und der Offizier fragte ihn: „Was machen Sie da?" „Ich denke", antwortete Oberth. Diese Antwort befriedigte den Offizier offensichtlich nicht, und er sagte: „Können Sie mir denn keine ordentliche Antwort geben?" Oberth aufgebracht: „Auf eine dumme Frage kann ich nur eine dumme Antwort geben!"

Falsches Lob

In Huntsville machte Oberth seinem ehemaligen Schüler Wernher von Braun einmal folgendes Kompliment: „Ich muß Ihnen Abbitte leisten. Ich habe Sie nie als genialen Erfinder betrachtet. Aber diese Erfindung ist gut!" Darauf von Braun: „Und gerade diese ist nicht von mir." [Es handelte sich um einen Raumanzug für Astronauten, Anm. d. Hrsg.)

In Bezug auf Ehren unmusikalisch

Aus vielen Teilen der Welt meldeten sich nun astronautische Gesellschaften und wissenschaftliche Gremien, die Oberth für seine Verdienste auszeichneten und ehrten. Ob ihm diese zahlreichen Zeichen der Anerkennung und Hochschätzung wohl auch Befriedigung brächten, wollte ein Reporter wissen. Darauf antwortete Oberth: „Ja, sehen Sie, hinsichtlich der Ehren geht es mir so wie einem Unmusikalischen, wenn er Beethovens Neunte hört: Er begreift einfach nicht, was die anderen daran finden. Ich bin in Bezug auf Ehren und Diplome ausgesprochen unmusikalisch. Schon als Kind machte es mir wenig aus, ob die anderen wissen, ob ich etwas kann oder nicht." Der Reporter gibt sich nicht zufrieden und hackt nach: „Sie haben aber so viel Ehre und Ansehen erreicht, läßt Sie das wirklich kalt?" Darauf Oberth: „Ich habe gelernt, wie wichtig Ehren sind, wenn man etwas erreichen will. Aber mir persönlich waren sie eigentlich immer nur Mittel zum Zweck."

Eine schaumgekrönte Welle

In Sachen Ruhm sagte Oberth auch: „Je weniger einer im Kopf hat, desto leichter ist es für ihn, die Nase hoch zu tragen." In Abänderung einer Strophe aus einem Gedicht auf den hellen Doppelstern Sirius sagte er dann, was er selbst davon halte: „Mir schafft der Ruhm, was ich getan, mein Name strahlt in Helle. - Vor Gott bin ich im Ozean eine schaumgekrönte Welle."

Der „Oberth-Stop"

In den USA kam Oberth nicht umhin, sich ein Auto anzuschaffen und das Fahren als schon 61jähriger zu erlernen. Das war für einen stets mit seinen Gedanken woanders weilenden nicht einfach. Fahrfehler merkte er oft erst, als ihn seine Mitfahrer („car-pooler") durch laute Warnrufe auf die Gefahr aufmerksam machten. Darauf trat er meist so stark auf das Bremspedal, daß seine Mitfahrer gegen die Vordersitze gepreßt wurden. Diese Bremsweise wurde unter den Kollegen vom „Redstone Arsenal" als „Oberth-Stop" bekannt und trug ihm am Ende des Jahres 1956 den Orden „Rock-and-Roll-Driver of the Year" ein.

Wissen als Lebensretter

Auch Frau Oberth lernte erst mit 60 Jahren Auto fahren. Im Gegensatz zu ihrem Mann war sie viel unbefangener. So fuhr sie eines Tages mit Vollgas eine asphaltierte Straße auf den Monte Sano in Huntsville hinauf, die in einen Schotterweg mündete. Ohne die Geschwindigkeit zu verringern, ging es weiter. Das Auto kam ins Schleudern und kappte einen Strommast, dessen

Drähte aufs Dach des Autos fielen. „Halt!" schrie Oberth, als er sah, daß seine Frau aussteigen wollte. „Wir sind in einem Faradayschen Käfig, wenn du Erde und Karosserie gleichzeitig berührst, wirst du durch einen Stromschlag getötet. Wir müssen mit beiden Beinen aus dem Auto springen". Das taten sie, und beide überlebten!

Die körperlichen Folgen dieses Unfalls beschreibt Oberth in amüsanter Weise in einem Brief an einen in den USA lebenden Neffen wie folgt: „Ich wurde mit dem Kopf auf das vordere Blech geworfen, welches davon eine Beule bekam. Ich kam mit einem blauen Auge, heftigem Nasenbluten und einer zerbrochenen Brille davon. Tillytante hat es stärker erwischt. Sie wurde mit dem Kopf und der Brust gegen das Lenkrad gepreßt, über dem linken Auge mußte man sie nähen, die Brust sieht sehenswert aus, und das Brustbein ist gesprungen. Außerdem hat sie sich ihr Knie mächtig angeschlagen ..."

Blumen und Katzen geht es gut

Sehr humorvoll konnte Oberth auch in seinen Briefen sein. In einem Schreiben, das er an seine beim Sohn Adolf in Kalifornien weilende Frau richtete, heißt es zum Beispiel: „Besten Dank für Deinen lieben Brief vom 20. Den Blumen geht es gut, und wie es mir und den Katzen geht, darüber schrieb ich Dir schon ein bißchen.

Da Du Dich wesentlich gebessert zu haben scheinst und da die Zeitbilanz zwischen dem, was Du mich an Zeit kostest, und dem, was Du mir ersparst, wesentlich besser ist als in Deiner Jugend, so freue ich mich, wenn Du wiederkommst, das schrieb ich Dir ja schon. Schreibe mir nur vorher den Tag Deiner Ankunft, damit ich die Wohnung herrichten kann, sonst könntest Du sehr ungnädig werden. Bisher hat mich niemand besucht, was mich sehr freut."

Die gemeinsame Muttersprache im All

Nach dem Start des russischen Erdsatelliten „Sputnik I" und des amerikanischen Pendants „Explorer" erschien in den „Birmingham News" folgender Witz: Der „Explorer" und „Sputnik I" begegnen sich im Weltraum und möchten gerne ein Gespräch beginnen, aber der eine kann nicht Englisch und der andere nicht Russisch. Da kommt „Sputnik II" hinzu und sagt: „Aber meine Herren, reden wir doch Deutsch miteinander, das ist doch eh unsere Muttersprache!"

Frage nach dem Vaterland

Reporterfrage an Hermann Oberth: „Fühlen Sie sich als Siebenbürger, als Deutscher oder als Europäer?" Oberth: „Also meine Muttersprache ist Deutsch, und deswegen fühle ich mich als

Deutscher. Mir sind die Leute am liebsten, mit denen ich reden kann." Der Reporter hackt nach: „Mit anderen Worten gibt es für Sie auch ein Vaterland?" Oberth: „Ja, aber in das kann ich nicht mehr zurückkehren." Reporter: „Sie meinen, es gab für Sie ein Vaterland?" Oberth: „Ja, Siebenbürgen. Heute aber wären unsere Vorfahren lieber nach Malediwen ausgewandert."

Über die Rückkehr nach Deutschland

Nach knapp fünf Jahren kehrte Oberth aus den USA wieder nach Deutschland zurück. Die Gerüchteküche über Ursachen und Motive brodelte. In der „Siebenbürgischen Zeitung" nennt Oberth schließlich selbst den Grund: „Über meine Rückkehr nach Deutschland ist in den Zeitungen ja viel geschrieben worden ('verzi si uscate', wie der Rumäne sagt). Ich bin in Wirklichkeit zurückgekehrt, weil ich endlich die erforderliche Zeit haben möchte, um in Ruhe meine wissenschaftlichen Studien fortzusetzen, zu denen ich in einem arbeitsreichen Betrieb, wie dies zum Beispiel in den USA der Fall war, nicht die Muße fand."

Einen zweiten Grund nennt Oberth in einem Schreiben an Otto Folberth: „Ich werde Ende dieses Jahres wieder nach Deutschland kommen, ich beziehe dort eine Pension, die ich verlieren würde, wenn ich länger als drei Jahre im Ausland bliebe. Meine Frau ist bereits vorausgefahren, um alles zu ordnen. Ich lebe zur Zeit als tieftrauernder hinterbliebener Strohwitwer ..."

Dankesbrief aus Huntsville

Einige Jahre nach seiner Rückkehr aus den USA erhielt Professor Oberth einen rührenden Dankesbrief aus Huntsville, den William C. Snoddy zeichnete. Wir zitieren daraus: „Das größte Erlebnis meines beruflichen Lebens brachte mir der letzte Monat, als ich mit dem Hermann-Oberth-Preis der AIAA ausgezeichnet wurde. Daß ich Sie kenne und weiß, was dieser Preis bedeutet, macht mir bewußt, wie klein ich bin. Die schöne Bronzebüste wird mir zeitlebens eines meiner wertvollsten Besitztümer sein. Ein anderes Eigentum, auf das ich sehr stolz bin, ist mein Arbeitsstuhl; und das deswegen, weil es der Stuhl ist, den Sie benützten, als Sie hier arbeiteten. Als einer Ihrer Bewunderer nahm ich ihn aus Ihrem Arbeitszimmer am Tag nach Ihrer Abreise. Ich hoffe, ein ganz klein wenig Ihres Genius und Ihrer Vision werden sich vielleicht übertragen."

VI. IM PRODUKTIVEN RUHESTAND

Ab 1962 lebte Hermann Oberth ohne Unterbrechung in seinem Wahlheimatort Feucht, zwar als Rentner, jedoch im „produktiven" Ruhestand. Er widmete sich hauptsächlich wissenschafts- und gesellschaftsphilosophischen Fragen. Das Ergebnis waren die Bücher: Stoff und Leben *(1959),* Katechismus der Uraniden *(1966),* Die Kakokratie *(1977),* Wählerfibel für ein Weltparlament *(1983). Aber auch sein technischer Erfindungsgeist trat ab und zu wieder in Erscheinung, so beispielsweise in der Broschüre* Das Drachenwindkraftwerk *(1977) und in dem Buch* Der Weltraumspiegel, *das 1978 im Bukarester Kriterion Verlag erschien, wo bereits 1974 sein Hauptwerk* Wege zur Raumschiffahrt *neu verlegt worden war. Zweimal besuchte Oberth die alte Heimat: Auf Einladung der „Rumänischen Akademie der Wissenschaften" war er im Juni 1972 in Siebenbürgen, und im Sommer 1974 verbrachte Oberth seinen Urlaub an der Schwarzmeerküste. Bei wichtigen Raumfahrtunternehmungen der USA saß er dreimal auf der Ehrentribüne auf Cap Canavarel, und im September 1982 nahm er an einem Raumfahrtkongreß in Moskau teil. Weitere Ehrungen - darunter insgesamt fünf Ehren-*

doktortitel sowie das Bundesverdienstkreuz mit Stern - kamen hinzu, und in seinem Wohnsitz in Feucht wurde noch zu Lebzeiten des Wissenschaftlers ein Hermann-Oberth-Museum eröffnet und ein Hermann-Oberth-Denkmal errichtet. In der Nacht vom 28. zum 29. Dezember 1989 starb Hermann Oberth in den Städtischen Kliniken von Nürnberg im Alter von mehr als 95 Jahren; er war zwei Tage zuvor wegen einer „kleinen Grippe" eingeliefert worden.

Ohne Bauch ein fescher Mann

Nach seiner Rückkehr aus den USA blieb Oberth mit seinen Freunden aus Huntsville in Verbindung. Hin und wieder besuchte er die USA, zumal sein Sohn mit Frau und drei Kindern in den Vereinigten Staaten zurückgeblieben waren. In einem Brief vom 7. Februar 1962 entschuldigt sich Oberth bei Dr. Ernst Stuhlinger, daß er bei einer Preisverleihung nicht dabeisein konnte: „Ich hatte mir in Kalifornien eine Magengrippe zugezogen und konnte neun Tage lange keinen Bissen hinunterbringen. Habe dabei 20 amerikanische Pfund abgenommen. Das wäre an sich noch kein Unglück, alle Frauenzimmer behaupten, ich sähe jetzt ohne Bauch sehr fesch aus, leider ist mir aber von der Krankheit (übrigens die einzige seit 20 Jahren) oder vom allzu guten Essen in Amerika ein Magenkatarrh zurückgeblieben, so daß ich doch einige Zeit keine Diners usf. mitmachen kann. Kennst Du übrigens das Gedicht: 'Jedem, der den Lorbeer sucht, sag ich es vertraulich, dieses rare grüne Zeug ist nur schwer verdaulich. Nur ein kerngesunder Geist und ein starker Magen, der die Diners übersteht, kann ihn gut vertragen'"?

Überschwemmungen

Nach den unheilvollen Überschwemmungen von 1975 im Kokelgebiet, bei denen vor allem die Städte Schäßburg und Mediasch arg betroffen waren, schrieb Hermann Oberth an den Herausgeber: „Ich habe im Fernsehen schon wieder Bilder von Überschwemmungen in Rumänien gesehen. Statt zwei Weltkriege zu führen, hätte die Menschheit wirklich besser getan, den Weltraumspiegel zu bauen. Dann brauchten wir uns nicht mehr jede Wetterkatastrophe gefallen zu lassen!"

Ehrfurcht vor der Schöpfung

Hermann Oberth war ein tiefgläubiger Mensch und hatte die größte Ehrfurcht vor der Schöpfung Gottes. Als ihn eine Mücke einmal belästigte, gelang es ihm, diese zu fangen. Er trug sie zum offenen Fenster und warf sie hinaus. Auf die Bemerkung seiner Tochter Erna, es sei doch sinnvoller gewesen, diese zu töten, denn nun werde sie wieder herein fliegen und ihr Spiel fortsetzen, antwortete er: „Jedes Geschöpf ist ein Gedanke Gottes. Wir sollten nur dort vernichten, wo uns die eigene Not keinen anderen Weg mehr offen läßt."

Und dann stellte er die Gegenfrage: „Könntest du einen Apparat bauen, der alles kann, was die Fliege kann? Laufen, fliegen, sehen, hören, riechen, die nötige Energie selbst zu suchen und sich durch Nachkommen zu regenerieren ... ?"

Die materiellen Werte sind nicht alles

Diese große Verantwortung vor der Schöpfung kam auch anläßlich einer Pressekonferenz, die vom Deutschen Patentamt abgehalten wurde, zum Ausdruck. Deutsche Erfinder, deren Leistungen weit über die nationalen Grenzen hinausgegangen waren und zu völlig neuen Industriezweigen geführt hatten - wie Zuse, Oberth, Fischer, Sauer und Wankel - wurden der Jugend vorgestellt und u. a. befragt, was sie der jungen Generation auf ihren Lebensweg mitgeben würden. Jeder der Befragten gab nun den Jugendlichen Ratschläge, z. B. gut zu lernen, sich auf ihren Beruf zu konzentrieren, auf ihre Gesundheit zu achten usw.

Als die Reihe an Hermann Oberth kam, sagte er: „Ich rate jedem jungen Menschen, zunächst einmal darüber nachzudenken, warum er eigentlich auf der Welt ist!" Als er anschließend gefragt wurde, wie dieser Satz denn zu verstehen sei, sagte er: „Es ist modern geworden, den Wert eines Lebens nach seinem materiellen Erfolg zu beurteilen. Es wird nicht gefragt, was muß ich tun, daß das empfindliche Gleichgewicht der ökologischen Bedingungen auf der Erde gewahrt wird, sondern nur, wie muß ich mich verhalten, damit ich gut leben kann. Diese materialistische Einsicht ist außerordentlich gefährlich, weil wir heute mit unseren technischen und militärischen Mitteln durchaus in der Lage sind, die Welt, von der und in der wir leben, zu zerstören."

Die Vorteile von Wortkargheit

Bei einem gemeinsamen Mittagessen, wo auch der Sohn des Herausgebers zugegen war und wenig gesprochen wurde, bemerkte ich nach einer gewissen Zeit so ganz beiläufig: „Erhardt ist auch einer von denen, die lieber schweigen statt reden." Darauf Oberth spontan: „Das ist durchaus von Vorteil. Denn: Je weniger man spricht, desto geringer ist auch die Gefahr, daß man Blödsinn redet."

Wie sich zwei wortkarge Menschen unterhalten

Hermann Oberth war ein wortkarger Menschentyp. Er sprach nie viel, vor allem aber nie unüberlegt. Es war mein großes Glück, daß wir uns in diesem einen Punkt ähnlich waren. Einem anders veranlagten Menschen, einem, der ihn ständig mit Fragen belästigt hätte, wäre er bald aus dem Wege gegangen, er hätte ihn mit Sicherheit schon nach kurzer Zeit auf irgendeine Weise „abgeschoben" - dafür hatte er nämlich ein ganz eigenartiges Talent.

Mit uns beiden ging das gewöhnlich so zu: Ich stellte eine Frage, die er knapp und sachlich beantwortete, nach etwa 10 Minuten folgte eine weitere Frage, nach weiteren fünfzehn Minuten oder gar einer halben Stunde die nächste usw. Eines Tages, es war gerade nach einer längeren gemeinsamen Reise, saßen wir uns wieder gegenüber und unterhielten uns auf unsere typische Art und Weise. Nach einiger Zeit sagte Professor Oberth: „Hans, wenn du mir jetzt keine wichtige Frage zu stellen hast, dann mache ich ein kleines Nopperchen [d. h. in siebenbürgisch-sächsischer Mundart Nickerchen, Schläfchen]. Fällt dir aber was ein, so kannst du mich ohne weiteres wecken, ich stehe Dir gerne zur Verfügung."

„Auch diese Schande hätte ich noch erleben müssen ...!"

Im Sommer des Jahres 1974, kurz nach Hermann Oberths 80. Geburtstag, machte die Familie des Herausgebers mit Familie Oberth gemeinsam Urlaub in Eforie Nord, an der rumänischen Schwarzmeerküste. Professor Oberth, in seinen jungen Jahren ein ausgezeichneter Schwimmer, trotzte seinen 80 Lenzen, indem er täglich seine 1.000 Meter schwamm - zum Teil vormittags im Meer, zum Teil nach dem Mittagsschläfchen im nahegelegenen Kursee. An einem Tag kam er gelassen vom Merresstrand, setzte sich an den gedeckten Mittagstisch und erzählte uns, was ihm hätte passieren können: Das Meer war an diesem Tag sehr rabiat, die hohen Wellen schlugen die Leute ans Ufer. Bei Professor Oberth hatte sich eine solche Welle akkurat die Badehose ausgesucht und ihm diese einfach ausgezogen. Im letzten Augenblick sei es ihm gelungen, mit einem Hechtsprung die Badehose noch in den Griff zu bekommen.

Nachdem es bei Frau Oberth geblitzt hatte, was passiert wäre, hätte ihr Gatte dieses Kunststück nicht mehr vollbringen können - in Gedanken sah sie ihn vielleicht schon im Adamskostüm über den Strand kommen -, schreckte sie spontan auf, schlug die Hände zusammen und beschwor ihn laut und vorwurfsvoll: „Mein Gott, Hermann, auch diese Schande hätte ich noch mit Dir erleben müssen!"

Ein Kompromiß unter Ehrenmännern

Ebenfalls in Eforie Nord trug sich eines Abends folgendes zu: Familie Oberth wohnte in einer Villa, die unmittelbar an der Schwarzmeerküste lag, während wir gezeltet hatten. Gekocht und gegessen wurde aber gemeinsam. Nach dem Abendbrot bot sich Professor Oberth gewöhnlich an, uns bis zu dem etwa 500 Meter weit gelegenen Zeltplatz zu begleiten. Am Ziel angelangt, wünschte er allen gute Nacht; anstandshalber begleitete ich ihn jetzt bis vor seine Haustür zurück. Doch Oberth wollte sich das nicht bieten lassen und begleitete mich wieder zum Zeltplatz zurück. Das wollte ich nun wieder auch nicht auf mir sitzen lassen, zumal ich 40 Jahre jünger war, und begleitete Professor Oberth erneut bis vor seine Villa. Das wiederholte sich nun schon zum vierten oder gar fünften Mal, ohne ein Ende nehmen zu wollen. Schließlich sahen wir beide ein, daß hier nur noch ein Kompromiß helfen könne, und beschlossen schließlich, uns auf der halben Wegstrecke für den nächsten Tag zu verabschieden. Und dabei blieb es dann auch für alle noch folgenden Tage.

Der Malermeister und das Bett

Der Maler kommt, die Wohnung soll neu gestrichen werden. Da steht aber ein Bett im Weg, das hinausgetragen werden muß, aber nicht durch die Tür geht. Oberth bringt ein Metermaß, will den richtigen Winkel berechnen, um herauszufinden, wie man es vielleicht doch schaffen könnte. Indessen gibt der Malermeister, der es eilig hatte, dem Ding einen kräftigen Schub - und draußen ist das Zeug!

Viele Behauptungen

Einmal besuchten Oberth und seine Tochter Erna einen weltanschaulich-politischen Vortrag. In der Garderobe betrachtete der Wissenschaftler nachdenklich die stattliche Anzahl der Herrenhüte und bemerkte. „Na, da sind ja eine ganze Anzahl von Behauptungen, die in Bezug auf ihren Inhalt aber leer sind; wie übrigens die meisten." [Diesen Spruch pflegte er zu ähnlichen Anlässen oft zu wiederholen.]

Über koffeinfreien Kaffee

Im Hause Oberth wurde täglich Punkt 16.00 Kaffee getrunken. Einmal, als ich auch dabei war, rief seine Tochter Erna aus der Küche: „Tata, willst du einen koffeinfreien?"

„Nein", ertönte lautstark die Antwort. Indem er sich zu mir wandte und mich lächelnd anblickte, sagte Oberth: „Ich trinke keinen kastrierten Kaffee!"

Die Mäusefalle

In einem Haushaltsladen in Feucht kaufte Oberth eine Mäusefalle. Nach einiger Zeit kam er wieder in den Laden zurück und ließ sich die Funktion des Geräts noch einmal erklären. Diesmal verlangte er aber auch einen Blumentopf von zwei Liter Inhalt. Der Händler zeigte ihm verschiedene Modelle. „Möchte der Herr Professor vielleicht diesen haben?" fragte der Verkäufer. „Nein, er soll zwei Liter haben!" Oberth fing an zu rechnen. Er berechnete den Rauminhalt des Topfes und stellte fest: „Jawohl, er hat zwei Liter. Ich nehme ihn."

Pfarrer sind wie Wegweiser

Über die Pfarrer pflegte sich Oberth folgendermaßen zu äußern: „Die Pfarrer sind wie die Wegweiser. Sie weisen den richtigen Weg, ohne ihn selbst zu gehen".

Über neue Entdeckungen

Oberth wurde einmal gefragt, ob es ihn denn nicht schmerze, daß bei so vielen großen Raumfahrterfolgen sein Name gar nicht mehr erwähnt werde. Worauf er mit einem Zweizeiler antwortete: „Wer andern etwas vorgedacht, wird jahrelang oft ausgelacht."

Nie angestrengt und viel geschlafen

Ein Museumsbesucher fragte Oberth nach dem Geheimnis seiner Rüstigkeit: „Ja, ich habe mich in meinem Leben nie angestrengt und immer viel geschlafen".

Die Außerirdischen

Von einem Besucher wird Oberth gefragt, ob Außerirdische für uns Menschen denn gefährlich werden könnten? Oberth: „Ja, wenn sie uns technisch überlegen sind und auf unserer Moral stehen geblieben sind."

Ein Sonderling aus Siebenbürgen

In der „Frankfurter Allgemeinen Zeitung" erschien eine Rezension zum Band *Hermann Oberth. Briefwechsel*. Sie trug die Überschrift: „Ein Sonderling aus Siebenbürgen". Oberth schaute nach dem Namen des Rezensenten und sagte dann gelassen: „Der könnte beinahe recht haben".

Zuerst Zucker und dann erst Milch oder Sahne

Warum er sich in die warme Milch immer noch kalte dazuschütte, wurde Oberth einmal gefragt. „Ja, die kalte Milch schmeckt noch nach melkfrischer Milch und nicht nach angebrannter und hat noch Vitamine", war die Antwort.

Und warum er, so ein andermal, in den Kaffee immer zuerst Zucker und dann erst Milch oder Sahne gebe? Darauf erwiderte Oberth: „Das ist reine Physik; je heißer eine Flüssigkeit ist, desto leichter und schneller lösen sich die Zutaten."

Ein Kaufmann muß ehrlich sein

Tochter und Schwiegersohn wiesen Oberth mitunter zurecht, er solle den Buchkäufern im Museum nicht immer sagen, sein Erstlingswerk *Die Rakete zu den Planetenräumen* sei für den Nicht-Fachmann zu schwierig. Das schade doch dem Geschäft. Darauf antwortete Oberth: „Ein Kaufmann muß immer ehrlich sein!"

Das älteste Museumsstück

Wenn Oberth gebeten wurde, ins Museum zu kommen, begann er seine Führung meistens mit den Worten: „Hier sehen Sie das älteste Museumsstück" und zeigte auf sich selber.

Warum Parapsychologie?

Hermann Oberth hat sich in den späteren Jahren auch mit Parapsychologie beschäftigt und darüber eine Broschüre veröffentlicht. Nun wollte ein Journalist wissen, wie er zu dieser Grenzwissenschaft gekommen wäre. Oberth antwortete: „Ja, also wie ich 20 Jahre alt war, bin ich 1914 Soldat geworden, und ich machte mir Gedanken, was wird, wenn ich im Krieg falle?"

Danke für die Belehrung

Am 23. April 1985 verlieh der Bayerische Ministerpräsident Franz Joseph Strauß Hermann Oberth das Große Verdienstkreuz mit Stern. Vorher hatte der Schwiegersohn versucht, Oberth darauf aufmerksam zu machen, er solle den Ministerpräsident anschauen, wenn dieser spreche. Darauf reagierte Oberth schroff: „Ich danke für die Belehrung." Und nach einer kurzen Pause fügte er hinzu: „Wenn man mit Kindern zum Fotografieren geht und allzuviel Ermahnungen erteilt, wirken sie nicht mehr natürlich."

Das Gedächtnis ist wie ein Kleiderhaken

Wieso er sich an alles aus Kindheit und Jugendzeit erinnern könne, wollte eine Anverwandte wissen. Oberth antwortete: „Das Gedächtnis ist wie ein Kleiderhaken. Was zuerst drangehängt wird, bleibt auch hängen; was später noch draufgehängt wird, rutscht wieder ab."

Alle Briefe werden gelesen

Alle Briefe, die für Oberth aufgesetzt wurden, wollte er immer auch selbst lesen, und nicht selten wurden diese dann auch handschriftlich von ihm verbessert. So z. B. auch am 17. Mai 1985, als Einladungen zum Kongreß der

„Hermann-Oberth-Gesellschaft" auch für die Kosmonauten Prunariu (Rumänien) und Farkas (Ungarn) ergingen und beide in den jeweiligen Landessprachen verfaßt worden waren. Oberths Kommentar dazu: „So sieht man, daß ich sie gelesen habe."

Die Ideale und die Tochter

Oberth war von seiner Frau losgeschickt worden, die Tochter zum Mittagessen zu rufen. Als er unerledigter Dinge zurückkam, erstattete er Bericht: „Die Erna hat mit den Idealen die gemeinsame Eigenschaft, daß sie nirgends zu finden ist."

Was soll ich mit dem Präsidenten reden?

Vor seiner Amerika-Reise zum Start der D1-Mission (September 1986), an den sich auch ein Empfang im Weißen Haus anschloß, hatte Oberth richtiges Lampenfieber. „Was soll ich denn mit dem Präsidenten reden?" war die ihn bewegende Frage. „Na, hoffentlich bin ich bis dahin gestorben", tröstete er sich.

Keine Aufregung

Bei der Verleihung der akademischen Würde eines Dr.-Ing. h. c. durch die Technische Hochschule Barcelona hielt Oberth seine Dankesrede auf Spanisch. Da fiel ihm das Manuskript vom Pult; die anwesende Frau Oberth bekam einen Schreck. Oberth kommentierte später den Vorfall mit den Worten: „Da hatte die Mama Durchfall bekommen vor Aufregung!" Doch Oberth hob die Papiere in aller Ruhe auf und las weiter.

Wie sich die Dinge selbständig machen

„Daß sich die Dinge immer selbständig machen", rief Oberth aus, als ihm ein Besteck vom Tisch gefallen war. Auf die Bemerkung des Schwiegersohnes: „Du bist nur ungeschickt", reagierte Oberth mit dem Geständnis: „Das kann ich leider nicht abstreiten."

Gebildete Frauen

„Ich kann die akademisch gebildeten Frauen nicht leiden", sagte Oberth zu einer Dame. „Aber ich bin auch Akademikerin, Herr Professor!" Dem fügte Oberth hinzu: „Aber bei Ihnen merkt man das wirklich nicht!"

Anzug oder Totenhemd

Oberth wird von den Seinen ein neuer schwarzer Anzug empfohlen, in dem er dann auch begraben werden könne. „Zum Begraben genügt ein Totenhemd", widerspricht er energisch. „Willst du im Himmel immer nur im Totenhemd herumrennen?" bemerkt der Schwiegersohn. Oberth: „Na hoffentlich ist dort ein FKK, damit ich mich nicht mehr mit Kleidern herumplagen muß."

Briefe von Spinnern

Briefe von Spinnern und Phantasten legte Oberth in eine Mappe mit dem Vermerk „Sonderbare Heilige" und schrieb darunter: „Sehr wichtig, aber nicht für mich!"

Bescheidenheit, verlasse mich bei Tisch

In den letzten Jahren war das Essen sozusagen Oberths Lieblingsbeschäftigung, wobei er oft den Zweizeiler zum Besten gab: „Bescheidenheit, Bescheidenheit verlasse mich bei Tisch / Damit ich auch zur rechten Zeit das größte Stück erwisch'!"

Zu alt werden, ist nicht schön

Oberth, der das stolze Alter von 95 Jahren erreichte, wurde oft für sein langes Leben beglückwünscht bzw. beneidet. Worauf er wiederholt die Antwort gab: „Nicht einmal meinem größten Feind würde ich es wünschen, so alt zu werden!"

Ein phantastisches Gedächtnis

Hermann Oberth hatte bis ins hohe Alter ein phänomenales Gedächtnis. Meine Methode, dies zu prüfen, bestand in der Aufforderung an den Wissenschaftler, er möge den Prolog zu Goethes *Faust* bzw. das *Lied von der Glocke* von Schiller oder *Die Bergglocke*, ein Neunstrophengedicht des siebenbürgisch-deutschen Dichters Michael Albert, vortragen. Das geschah zum letzten Mal am 27. Juni 1989, zwei Tage nach seinem 95. Geburtstag, der mit einem Raumfahrtkongreß in Salzburg gefeiert wurde. Sein Verstand und sein „elektronisches Gedächtnis" funktionierten nach wie vor einwandfrei, trotz der anstrengenden Heimreise aus dem österreichischen Salzburg nach Feucht.

Über deutsche Wissenschaftler

„Die deutschen Wissenschaftler sind schnell wie eine Lokomotive", frotzelte Oberth. „Aber einige Zentimeter neben dem Geleise sind sie unbrauchbar".

Mit der Weißen Kutsche

Der 90. Geburtstag Hermann Oberths wurde - wie der 75., 80., 85., und 95. auch - im österreichischen Salzburg mit einem Raumfahrtkongreß der „Hermann-Oberth-Gesellschaft" begangen. Vom Kongreßzentrum zur Residenz hinauf wurde Oberth mit der Weißen Kutsche gefahren. Oberth beim Einstieg. „Na, hoffentlich werden die Pferde nicht scheuen!"

Über Spezialisten

„Spezialisten sind dümmer als normale Menschen", meinte Oberth. „Sie haben keinen Platz für andere Sachen in ihrem Gehirn".

Kurz und bündig

Oberth hielt nur sehr ungern Reden. Wenn es dann ab und zu dennoch sein mußte, sagte er kurz und bündig: „Da ich kein guter Redner bin, höre ich auf und wünsche der Versammlung einen guten Verlauf."

„In Leipzig um 11 Uhr"

Zu welcher Tageszeit Oberth denn zur Welt gekommen sei, wollte ein Mann aus Leipzig wissen. Oberth antwortete: „Meine Mutter hat gesagt, die Kirchenglocken hätten geläutet, als ich die ersten Töne von mir gab. Also war es 12 Uhr; in Leipzig 11 Uhr!"

Oberth zu seiner Frau

„Na, ich geh jetzt gleich 'um die Milch', sonst fallen Dir noch mehr Sachen ein, die ich mitbringen soll und dann vergiß ich die Hälfte.

Wo sind hier die Toiletten?

Der „Aeroclub Schweinfurt" hatte zu einer Tagung namhafte Wissenschaftler, Ingenieure und Flieger eingeladen. Bei der Besichtigung der verschiedenen Flugzeugmodelle ging der Direktor der Ausstellung auf Oberth zu und bot sich freundlich an: „Darf ich Ihnen unsere Modelle zeigen, Herr Professor?" Doch Oberth quälten im Moment andere Sorgen: „Ach, wissen Sie was, zeigen Sie mir doch lieber, wo hier die Toiletten sind!"

Ein Preis für den Nacherfinder

Als 1983 in Budapest am Kongreß der „Internationalen Föderation für Astronautik" ein US-amerikanischer Raumfahrttechniker für eine Vorrichtung ausgezeichnet wurde, mit deren Hilfe man das Eis, das sich beim Start am Raketenrumpf festfriert, verhüten kann, erinnerte ein sachkundiger Teilnehmer die Jury daran: „Schauen Sie doch bei Oberth nach - schon in *Frau im Mond* ließ er die Rakete ganz mit einer Folie umhüllen, damit das Eis sich am Rumpf nicht festfrieren kann und das bereits beim Start der Triebwerke abgeschüttelt wurde ..." Das war 1929 gewesen, und dafür wurden noch Preise verliehen - allerdings nicht an den eigentlichen (ersten) Erfinder, sondern an einen Nacherfinder!

Was dürfen Wissenschaft und Forschung

Oberth hat sich oft auch zu wissenschaftsphilosophischen Aspekten geäußert. Auf die Frage, wie weit dürfen Wissenschaft und Technik vordringen, ohne die Gefahr des Verderbens, des Untergangs heraufzubeschwören, antwortete er: „Meines Erachtens müßte die Forschung jede behauptete Erscheinung unvoreingenommen prüfen und darf keine Beobachtung nur darum ablehnen, weil diese sich mit der herrschenden Meinung überhaupt nicht verträgt.

Wenn wir dies nämlich tun, dann treiben wir nicht mehr Wissenschaft, sondern Scholastik. Ich bin der Meinung, daß die Wissenschaft allem, was nicht a priori ausgeschlossen werden kann, nachgehen sollte."

Gutes fördern, Böses bekämpfen

Auf die Frage, ob es denn überhaupt zu verantworten wäre, für die Erkundung des Weltraums Menschenleben aufs Spiel zu setzen, antwortete Oberth einem Reporter: „In meinen Augen ist alles moralisch, was dazu beiträgt, die Welt gerechter, besser und schöner zu machen, u. a. auch die Forschung. Denn nur wer das nötige Wissen besitzt, ist überhaupt in der Lage, das Geschehen auf der Welt zu beeinflußen, das Gute zu fördern und das Böse zu bekämpfen".

Deutscher oder Weltbürger?

Oberth hat es nie gutgeheißen, daß die Deutschen stets von einem Extrem ins andere fallen. Sie seien beispielsweise „erznationalistisch" unter Hitler gewesen, um nach dem Zweiten Weltkrieg gleich „erzkosmopolitisch" zu werden. Wie in allen anderen Dingen müsse es doch auch in diesem Punkt einen „goldenen Mittelweg" geben. Ein positives Nationalbewußtsein habe noch keiner Nation geschadet - man brauche doch nur auf unsere westlichen Nachbarn zu schauen. Daher: Ein „guter Deutscher" zu sein, war für Oberth kein Hindernis, ein „echter Weltbürger" zu sein. Er sah darin keinen Widerspruch, sondern die Voraussetzung dazu!

Politik ist für die Menschheit da und nicht umgekehrt

Es hat Journalisten gegeben, die Oberth rechtsradikale Neigungen andichteten. Ihnen und allen anderen, die das vielleicht auch heute noch glauben, empfehle ich folgenden Text aus seiner *Wählerfibel für ein Weltparlament*: „Fanatiker sollten lieber die Hände von der Politik lassen. In Deutschland aber stand sogar einer an der Spitze, und was für einer! Und alle anderen mußten ihm folgen. Hitler achtete den Menschen für nichts, die Idee war ihm alles. In Wahrheit sind aber die politischen Ideen für den Menschen da und nicht umgekehrt"

Der Menschheitsfeind Nr. 1

Warum Oberth die „politische Unwissenheit für den Menschheitsfeind Nr. 1" hielt, erläuterte er in dem weiter oben zitierten Buch wie folgt: „Je besser einer eine Gegend kennt, desto geringer ist die Gefahr, daß er in die Irre geht. - Ebenso ist es in der Politik: wenn wir allwissend wären, dann würden wir erkennen, daß es allen Menschen besser geht, wenn sie ihre Kräfte rational einsetzen, statt sie zu zersplittern, und wir würden Mittel und Wege finden, dies zu erreichen."

Die Kakokratie

Die zweite große Gefahr beschreibt Oberth folgendermaßen: „Im Leben stehen einem anständigen Charakter so und soviele Wege offen, um vorwärtszukommen. Einem Schuft stehen bei gleicher Intelligenz und Tatkraft auf dem gleichen Platz diese Wege auch offen, daneben aber auch noch andere, die ein anständiger Kerl nicht geht. Er hat daher mehr Chancen vorwärtszukommen, und infolge dieser negativen charakterlichen Auslese findet eine Anreicherung der höheren Gesellschaft mit Schurken statt ... Nur dieser Umstand vermag die Tatsache zu erklären, daß die Welt nicht schon seit mindestens 5.000 Jahren ein Paradies ist ..." Dieser Ausleseprozeß führe unentrinnbar zur „Kakokratie", zur Herrschaft des Schlechten über das Gute, wie Oberth dieses System nennt.

Eine Lanze für die Frau

Gutes verspricht Oberth sich auch aus dem Emanzipationsprozeß der Frauen, denen er heilbringende Eigenschaften zutraut: „Der Mann beherrscht im Geiste das wegräumende, die Frau das aufbauende Prinzip. Wenn man aber den Männertugenden Tapferkeit, Machtentfaltung und Machterweiterung durch Vernichtung oder Unterwerfung des Feindes, in jedem Falle aber Erfolg um jeden Preis, die traditionell weiblichen Tugenden, ich meine aber hier speziell die Tugenden einer guten Mutter, entgegensetzt, nämlich selbstlose Aufopferung, um die Entfaltung eines neuen Lebens zu ermöglichen, Bescheidenheit und Rücksichtnahme auf andere sowie das Streben nach Harmonie und Frieden, so erkennt man unschwer, daß die heutige Menschheit den Rang ihrer Werte gründlich umstellen muß, um in dieser übervölkerten, ausgelaugten Welt überhaupt noch überleben zu können."

Die wichtigsten Entscheidungen im Leben

Die zwei wichtigsten Entscheidungen im menschlichen Leben: die für den zu erlernenden Beruf sowie die Wahl des richtigen Ehepartners, sind nach Oberth zu sehr dem Zufall unterworfen. Eine richtige Berufswahl z. B. sei aber nur dann möglich, wenn „jeder, der etwas lernen will, dazu die Möglichkeit erhält, daß also niemand vom Studium ausgeschlossen wird, bloß weil sein Vater zu arm oder zu reich war". Die Gesellschaft müsse sich immer vor Augen halten, „daß die Kultur für die Menschen und nicht die Menschen für die Kultur da sind, und man sollte die Kultur deshalb so lenken, daß möglichst jeder Mensch eine Erziehung genießen kann, die seinen Anlagen und Wünschen am ehesten entspricht ..."

Das Ziel der Weltraumtechnik

Im September 1982 wurde Hermann Oberth zum 25. Sputnik-Jubiläum nach Moskau eingeladen. Es war die Zeit, als das Gespenst von der Militarisierung des Weltraums herumgeisterte. Darauf anspielend beteuerte Oberth in seiner Begrüßungsrede vor über 1.000 Kongreßteilnehmern: „Trotz meines hohen Alters habe ich mich entschlossen, Ihre Einladung anzunehmen, denn uns verbindet ein gemeinsames Ideal. Die Menschheit ist in Gefahr, ihre Kräfte in nationale Eifersüchtelei zu zersplittern, doch wir können ihr Ziele zeigen, die über den Rahmen eines einzelnen Volkes hinausgehen und die Zusammenarbeit aller Menschen wünschenswert machen. Ein solches Ziel ist die Raumfahrt, der Schritt aus der Begrenztheit der Erde in die Unendlichkeit des Weltalls, denn die Raumfahrttechnologie hat für alle großen Probleme der menschlichen Zukunft eine Lösung anzubieten".

Auf die Frage eines Journalisten, warum er denn gegen die Militarisierung des Weltraums sei, antwortete Oberth: „Weil ich überhaupt gegen den Krieg bin!" Und auf die Frage, ob er selbst denn eine Militarisierung des Weltraums befürchte, erwiderte Oberth: „Ich habe noch keine Dummheit gefunden, die nicht groß genug wäre, daß die Menschen sie nicht vollbringen können oder daß Menschen sie nicht machen können." Und im übrigen: „Man kann mit allem Krieg führen, was härter als ein Soldatenschädel ist!"

Beeindruckendes Ereignis

Am 30. Oktober 1985, als die amerikanische Raumfähre Challenger mit acht Astronauten an Bord, darunter auch die beiden deutschen Forschungsastronauten Reinhard Furrer und Ernst Messerschmid, vom Boden abhob, saß Hermann Oberth erneut unter den Ehrengästen auf Cap Canaveral. Es war dies das dritte Mal, daß der Raumfahrtpionier direkt miterleben konnte, wie seine frühen Ideen in die Tat umgesetzt wurden. Als er nach dem erfolgreichen Start der Raumfähre von den Journalisten gefragt wurde, welche Gefühle ihn dabei bewegt hätten, antwortete Oberth mit der ihn kennzeichnenden Gelassenheit: „Das Beeindruckendste war, daß alles so gelaufen ist, wie ich es mir vor 60 Jahren vorgestellt habe."

Man kann nie zuviel wissen

Die Frage, „haben Wissenschaft und Forschung, Technik und Kultur die Welt glücklicher gemacht?", wurde Oberth des öfteren gestellt. „Gewiß, die großen Fortschritte in Wissenschaft und Technik haben auch die Atombombe und Kampfraketen ermöglicht", pflegte er darauf zu antworten. „Dies ist jedoch kein Grund, den Fortschritt aufhalten zu wollen. Die heutigen Zustände sind möglich, nicht weil wir auf einigen Gebieten *zuviel*, sondern nur, weil wir auf anderen Gebieten *nicht genug* wissen. Ein Zurück in die Steinzeit ist übrigens auch gar nicht mehr möglich. Wir können gar nicht mehr zurück, und wir wollen auch gar nicht mehr zurück. Wir können nur noch vorwärts. Uns bleibt nur eins: Unser Wissen darüber zu entwickeln, wie die Kulturschädigungen zu bekämpfen und wie die Leute, die sich dem in den Weg stellen, zu belehren und zu überzeugen sind ... Hieraus folgen die Pflichten des Wissenschaftlers und seine Verantwortung - sie war noch nie so groß wie heute!"

Die fünf Prozent müssen aber sein

Ein Reporter erinnerte Oberth an einen Satz des großen amerikanischen Erfinders Edison, der gesagt haben soll: „In meinen Erfindungen stecken 5 Prozent Inspiration und 95 Prozent

Transpiration". Ob er persönlich zu dieser Definition stehe, oder bestünde nach seinem Dafürhalten da ein anderes Verhältnis. Antwort: „Ich stehe dazu, allerdings mit dem Hinweis - die fünf Prozent müssen aber sein. Ohne die geht es nämlich nicht."

Wäre der Mensch auch ohne Hermann Oberth auf dem Mond gelandet, wollte der Mann weiter wissen. „Ich glaube ja", antwortete Oberth. „Er wäre natürlich auch ohne ihn gelandet, aber wahrscheinlich viel später."

„Ich wurde für meine Erfindungen bestraft"

Die Geschichte der Wissenschaft und Technik liefere unzählige Beispiele dafür, daß die kühnsten Erfinder und Entdecker leer ausgingen, während andere die großen Geschäfte machen. Wie beurteile er diese Ungerechtigkeit, wollte ein Medienvertreter wissen? Oberth antwortete: „Bisher war es ein schlechtes Geschäft, zur Hebung der menschlichen Kultur beizutragen: Dem Sokrates kredenzte man den Giftbecher; Caesar wurde erstochen; Giordano Bruno und seinesgleichen verbrannt; Beethoven, Mozart und Schubert hatten niemals Geld; Heinrich von Kleist erschoß sich aus Geldsorgen, und hundert Jahre später nahm sich Rudolf Diesel aus dem gleichen Grund das Leben, während an seiner Erfindung schon hunderte von Millionen umgesetzt und an Treibstoffen erspart worden waren; dem Erfinder des Buchdruckes, Gutenberg, verkaufte man die Druckerei für ein Spottgeld, weil er seine Schulden nicht bezahlen konnte; unzählig ist das Heer der Erfinder, die hinter ihren Leistungen nichts als Plage hatten, während andere daran reich wurden. Auch ich selbst habe seinerzeit ein gutes Drittel meines Vermögens in Patente und Gebrauchsmuster angelegt, habe aber buchstäblich keinen Pfennig verdient. Mit anderen Worten: Ich werde dafür bestraft, weil ich meine Erfindungen angemeldet habe."

Der Unterschied zwischen Forscher und Erfinder

„Worin sehen Sie den Unterschied zwischen Forscher und Erfinder?" war eine andere Frage, die Oberth gestellt wurde. Seine Antwort: „Jeder große Forscher hat auch Erfindertalent, aber nicht jeder Erfinder braucht ein großer Forscher zu sein. Der Erfinder arbeitet nur mit den Naturkräften, die man schon kennt; der Forscher dagegen muß immer neue Tatsachen beobachten und die richtigen Ursachen dafür finden."

Was ist ein Genie?

Wie würde er ein Genie definieren, war eine andere Frage, die an ihn gerichtet wurde. Oberth erläuterte: „Soziologisch und historisch kann man das Genie so definieren, daß nach ihm etwas in der menschlichen Kultur ist, was ohne es nicht gekommen wäre. Wenn man schärfer zusieht, so wird man diesen Satz bei allen genialen Leistungen (Entdeckung Amerikas, Entdeckung Trojas, Buchdruck, Flugzeug, Raumfahrt, Reformation, Goethes *Faust*, Beethovens Musik usf.) bestätigt finden. Psychologisch ist das Genie dadurch gekennzeichnet, daß es alles, was es weiß, mit allem anderen, was es weiß, in Verbindung setzen kann. In gewissem Sinne sind z. B. alle Kinder genial - nur wissen sie zu wenig und haben auch nicht die Beharrlichkeit und Durchschlagskraft, um damit etwas Weltbewegendes zu schaffen. Genies sind meist, aber nicht immer, von ihrer Idee geradezu besessen, so daß ihnen ihr persönlicher Vorteil nichts, der Sieg ihrer Idee alles bedeutet."

Was ist Gravitation?

Alfred von Hannenheim, ein in Hermannstadt lebender Jugendfreund wollte wissen, was Oberth vom Wesen der Gravitation halte. Oberth gab dazu folgende Erklärung: „Nun, bei der Gravitation komme ich immer mehr zur Ansicht, daß Massenanziehung, Trägheit und Energie nur verschiedene Seiten ein und derselben Sache sind, und daß Materie nichts ist als eingefrorene Energie, die wieder zu Energiequanten zerstrahlen kann, die aber doch die gesamte

Massenträgheit und Gravitationseigenschaften der Materie zeigen, aus der sie entstanden sind. Goethe läßt seinen Faust bekanntlich sagen: 'Hier hilft der Geist, auf einmal seh' ich Rat und schreib getrost: Am Anfang war die Tat', als er bei der Frage nach dem Grund des Seins von den Worten 'Wort', 'Sinn' und 'Kraft' unbefriedigt ist. Wenn man sagt, daß die Kraft allein noch nichts schafft, wenn sie nicht längs eines Weges wirkt, und die Goethesche 'Tat' demgemäß als 'Energie' (Kraft mal Weg) ansieht, dürfte man tatsächlich zum Urgrund, mindestens der materiellen Welt, vorstoßen."

Was ist denn realistisch?

Man werfe den Raumfahrtexperten meistens vor, ihre Projekte seien zu visionär, zu kostspielig und daher „unrealistisch", wurde Oberth entgegengehalten. Seine Entgegnung: „Ich kenne diese Vorwürfe nur zu genau. Frage aber: Was ist denn 'realistisch'? Meines Erachtens gibt es auf dieser Welt überhaupt nichts Realistischeres, als daß sich die Menschen über ihre Zukunft Gedanken machen, und daß sie Lösungsvorschläge formulieren, die uns helfen können, unsere Zukunftsprobleme zu meistern."

Was ist Pflicht?

Eine grundlegende Frage für junge Menschen sei nicht zuletzt auch die nach der Pflichterfüllung, meinte Oberth in einem Zeitungsinterview. „Was ist überhaupt unsere Pflicht? Das ist ein dehnbarer Begriff. Ich selbst fühle mich verpflichtet, so viel zur Besserung der heutigen Lage der Menschheit beizutragen, wie ich überhaupt kann. Die meisten von uns haben ja so etwas wie Pflichtgefühl. Man sollte dabei aber auch vorsichtig sein, denn es gibt manche Pflichten, die man besser nicht erfüllt."

Die Folgen eines Atomkriegs

Welche Folgen könnte ein Atomkrieg für die Menschen und den Planeten Erde haben, wurde Oberth in einem Interview gefragt. Seine Antwort: „Sollte das Leben auf unserem Planeten heute durch Atombomben erlöschen, so wäre unsere Erde, auch nach Abklingen der Radioaktivität, nicht mehr fähig, neues Leben zu erzeugen. Sie könnte höchstens noch durch denkende Wesen wieder besiedelt werden, die von einem anderen Planeten mit ähnlichen Lebensbedingungen kommen."

„Ich habe Euch auch nicht vergessen!"

Im Juni 1972 leistete Hermann Oberth einer Einladung der „Rumänischen Akademie der Wissenschaften" Folge und besuchte - wie bereits erwähnt - Siebenbürgen. Sein Besuchsprogramm umfaßte auch Schäßburg und natürlich die „Bergschule", die er acht Jahre lang als Schüler besucht und wo er ein Jahr lang auch unterrichtet hatte. Die Blaskapelle spielte zum Empfang auf, und Schuldirektor Hans Wellmann, der den hohen Gast willkommen hieß, sprach aus, was alle Anwesenden in ihren Herzen fühlten: „Alle Welt ehrt Hermann Oberth, wir aber lieben ihn!" Sichtlich gerührt, wendete sich Professor Oberth an die Anwesenden: „Es freut mich zu sehen, daß Sie mich nicht vergessen haben; ich habe Euch, ich habe meinen Volksstamm und meine siebenbürgische Heimat auch nie vergessen."

Ein guter Siebenbürger Sachse

Ein noch eindeutigeres Bekenntnis zur Gemeinschaft der Siebenbürger Sachsen legte Hermann Oberth in einem Film ab, den der Herausgeber 1977 für die deutsche Sendung des Rumänischen Fernsehens realisiert hatte. Seine Schlußworte lauteten: „Viele vermissen in meiner Arbeit eine einheitliche Linie. Und es ist wahr, ich habe oft einen eingeschlagenen Weg nicht weiterverfolgt, wenn ich feststellen konnte, daß andere dieses Problem besser gelöst haben. Doch die gemeinsame Linie all meines Schaffens und Wirkens bleibt die: ein guter Siebenbürger Sachse zu sein und zu bleiben, meinem Volk und meinem Land durch meine Arbeit zu dienen. Und wenn ihr, liebe Landsleute, auf mich heute ein wenig stolz sein könnt, dann ist das für mich die höchste Genugtuung."

Und dann noch im gleichen Atemzug der Bezug zur Gesamtheit: „Möge die Raumfahrt dazu beitragen, daß sich die Völker dieser Erde untereinander besser verstehen und ihre Zukunft sinnvoller gestalten!"

Die Welt besser und gerechter machen

Bei einem Besuch in den USA anläßlich der D1-Mission wurde Oberth auch im Weißen Haus empfangen und durfte im Capitol eine kurze Rede halten. Er sagte u. a.: „Der Blick aus dem All auf unsere Erde zeigt uns, was für ein kleines, kostbares und zerbrechliches Juwel in unsere Hand gelegt ist. Die Bedrohung dieser Erde kommt heute auch nicht aus einem kosmischen Ungleichgewicht, sie kommt in erster Linie aus den dunklen Mächten in uns selbst - gepaart mit unserem technischen Können ... Wenn wir etwas aus den beiden Weltkriegen lernen können, so ist es das, daß dadurch keine Probleme beseitigt werden, sondern nur viele neue hinzukommen. Der größte Schatz dieser Erde sind Menschen, die sich dessen bewußt sind, daß sie ihr Leben nicht nur deswegen bekommen haben, um ihr eigenes Fortkommen zu sichern, sondern daß sie als kleinste Zellen der Menschheit dazu beigetragen haben, daß die Welt besser und gerechter und schöner wird."

Aber wozu das alles?

„Aber wozu das alles?" fragt Oberth in einem seiner Raumfahrtbücher, und gibt gleich auch die Antwort darauf: „Wer das faustische Streben nicht kennt, dem kann man auf diese Frage nicht antworten, und wer es kennt, der weiß die Antwort von selbst. Ihm ist es selbstverständlich, alles Erforschbare zu erforschen, alles Unentdeckte zu entdecken, mit den Bewohnern anderer Welten in Verbindung zu treten. Denn das ist das Ziel: Dem Leben jeden Platz zu erobern, auf dem es bestehen und weiter wachsen kann, jede unbelebte Welt zu beleben und jede lebende sinnvoll zu machen!"